Dorian Schmidt: Lebenskräfte – Bildekräfte

Methodische Grundlagen zur Erforschung des Lebendigen

Dorian Schmidt

Lebenskräfte – Bildekräfte

Methodische Grundlagen zur Erforschung des Lebendigen

Betrachtungen zu einer Methode in ihrem anthroposophischen Kontext

Verlag Freies Geistesleben

3. Auflage 2021

Verlag Freies Geistesleben
Landhausstraße 82, 70190 Stuttgart
www.geistesleben.com

ISBN 978-3-7725-1481-4

Umschlagfoto: Blickwinkel/Andreas Held
Druck: GGP Media GmbH, Pößneck
Printed in Germany

Inhalt

Vorwort zu 2. Auflage

Eingehend auf eine Reihe von Kommentaren zu diesem Buch möchte ich einige Lesehilfen für das Studium des Buches geben.

Die eine Hilfe ist mit diesem Satz schon ausgesprochen: Das Buch muss *studiert* werden, es kann nicht einfach nur gelesen werden. Die aus einer anderen Sicht berechtigte Kritik des Fragmentarischen erübrigt sich damit: Als Studiengegenstand soll das Buch herausfordern und anregen, nicht nur informieren.

Insofern besteht eine Art durchgehende Hauptübung – Übungen wurden ja zum Teil als solche nicht erkannt – darin, den roten Faden, der diesen fragmentarischen Werkstattbericht durchzieht, zu finden – obwohl die Existenz eines solchen Fadens an einer bestimmten Stelle des Buches ausdrücklicher verneint wird. Der Widerspruch löst sich auf, wenn man davon absieht, dass ein roter Faden nur gedanklicher Art sein kann, also immer aus einer Kette von Gedanken bestehen muss. Der hier zu findende Faden ist mehr intentionaler Art. Dieser rote Faden besteht aus drei Intentionen:

- die Natur der Bildekräfte als eine neue Schicht des Seins darzustellen, als eine ganz eigene, völlig neue Erlebnisweise für die menschliche Seele,
- den Charakter des modernen bewusstseinsgetragenen Forschens in diesem Bereich durchzutragen entgegen allen Arten naiven Empfindens,
- das Anregen zum autodidaktischen Einarbeiten in dieses Gebiet.

Eine weitere Hilfe könnte folgende Empfehlung sein: Teil 2 «Vergleichende Studie» im Abschnitt III ist tatsächlich sehr akribisch durchgeführt. Entsprechend der Zielsetzung ist die Gedankenführung langwierig. Es könnte aber sehr hilfreich sein, die in der Zusammenfassung aus einer erweiterten Perspektive heraus gestalteten Kapitel «Vergleich der beiden Methoden» und «Die Unterschiede und der gemeinsame Sinn der Methoden» vorab zu studieren. Dann erschließt sich dieser Teil 2 leichter.

Der Autor wäre aber froh, wenn neben den Mühen eines Studiums auch Freude beim Lesen aufkommt.

Jena, im Mai 2011 *Dorian Schmidt*

Vorwort

Bildekräfteforschung und ihre Anwendungen finden zunehmend Verbreitung. Dies ruft auch die Frage nach deren Grundlagen hervor. Die hier vorgelegte Zusammenstellung dient der Beantwortung dieser Frage.

In einem ersten Teil werden in der Darstellung der methodischen Grundlagen wesentliche Hürden und Schwierigkeiten angesprochen, wie sie der heutige Mensch beim Entwickeln eines erweiterten Wahrnehmungsvermögens vorfindet, und es werden Möglichkeiten der Überwindung dieser Hürden aufgezeigt.

Im zweiten Teil wird von Erfahrungen im Anwenden der Methode berichtet.

Im dritten Teil wird der Zusammenhang zwischen der von mir beschriebenen Methode mit den von Rudolf Steiner beschriebenen Methoden dargestellt.

Bei aller Ausführlichkeit handelt es sich, dem Stil nach, um eine Art Werkstattbericht. Es werden Fragen behandelt, die sich stellen können, wenn man heute als interessierter Mensch beginnt, sich mit der Bildekräfteforschung und ihren Methoden zu beschäftigen. In einigen Jahren werden es vermutlich andere Fragen sein, die im Mittelpunkt des Interesses stehen. Dennoch werden hier grundlegende Fragen und innermenschliche Gegebenheiten angesprochen, die es gerechtfertigt erscheinen lassen, die Zusammenstellung allgemein verfügbar zu machen.

Diese Schrift kann unmöglich alle Gesichtspunkte und Fragen zum Thema abdecken. Wer sich für Bildekräfteforschung, ihre Grundlagen und in der Praxis gemachte Erfahrungen interessiert, der sei bereits hier auf zwei weitere Arbeiten aufmerksam gemacht. Der erste Themenbereich betrifft die Frage, wie man rein auf die eigene Erfahrung gestützt zum übersinnlichen Wahrnehmen gelangen kann. Jürgen Strube zeigt dies in seiner Schrift *Die Beobachtung des Denkens** in freilassender Art auf. Er nimmt den Weg der Denkbeobachtung ernst, den Rudolf Steiner in der Schrift *Die Philosophie der Freiheit* beschreibt. Strube zeigt damit zugleich, wie innerhalb der *Philosophie der Freiheit* selbst, ohne Zuhilfenahme anderer Aussagen Steiners, der Übergang vom gewöhnlichen Denken über das philosophische Denken zum übersinnlichen Wahrnehmen gedacht, beabsichtigt und angelegt ist. Entsprechend trägt Jürgen Strubes Arbeit den Untertitel *Steiners ‹Philosophie der Freiheit› als Weg zur Bildekräfte-Erkenntnis.*

Der zweite Themenkomplex umfasst die vielfältigen Fragen, die sich um die Anwendung der Methodik zum Zwecke der Forschung stellen, um ihre Sicherheit, Vertrauenswürdigkeit und die Folgen ihrer Anwendung für den Forscher. Diesen Fragen widmet sich Markus Buchmann in seiner Arbeit über die erkenntnistheoretischen und methodischen Grundlagen der Bildekräfteforschung.** Diese Arbeit wird man besonders wegen ihrer Klarheit im Umgang mit sich selbst schätzen.

Jena, im Frühjahr 2010 *Dorian Schmidt*

* Strube, Jürgen: *Die Beobachtung des Denkens*, Verlag für Anthroposophie, Dornach 2010.

** Buchmann, Markus: *Wahrnehmen und Erkennen im Ätherischen. Methodische Grundlagen der Bildekräfteforschung* (Quelle: www.bildekraefte.de/literatur).

Vorbemerkung

Zunächst einige Worte zur Erläuterung des zweiten Untertitels dieses Buches: «Betrachtungen zu *einer Methode* ...» bedeutet, dass es *mehrere* Wege in die Bildekräftewelt gibt, mehrere Zugänge zu ihr und *mehrere Methoden* zu ihrer Erforschung. Eine davon soll im Folgenden dargestellt werden.

Eine erste Aufgabe soll also schlicht die sein, überhaupt eine hinreichend geschlossene Darstellung dieser einen Methode schriftlich niederzulegen, denn eine solche ist bisher nur in einer Reihe von aufeinanderfolgenden Seminaren mündlich geliefert worden und folglich nur einem engen Kreis von teilnehmenden Menschen als solche bekannt. Dies steht aber augenscheinlich im Widerspruch zu dem Bekanntheitsgrad mancher Veröffentlichung von Ergebnissen aus der Anwendung der Methode. Das vorliegende Buch soll hier Abhilfe schaffen, indem es in seinem ersten Teil eine genaue Beschreibung dieses methodischen Weges zur Erforschung der Bildekräfte-Welt gibt.

Angesichts des Titels *Lebenskräfte – Bildekräfte* wird mancher Leser die im ersten Teil gegebenen Darstellungen der methodischen Grundlagen für trocken, spröde, theoretisch oder vielleicht sogar abstrakt halten. Es liegt in der Natur der Sache, dass eine erkenntnistheoretische Arbeit zur Begründung einer Forschungsmethode, gleich auf welches Gebiet sie sich bezieht, einem solchen Urteil nicht entgehen kann.

Weil aber auch nach der Akzeptanz einer solchen Begründung dem Leser immer noch vollkommen unklar sein kann, wie Ergebnisse einer Forschung im Bereich der Bildekräfte aussehen können, ist im zweiten Teil eine Artikelserie abgedruckt, die sich vorrangig mit *Ergebnissen* der Bildekräfteforschung auseinandersetzt, dabei die methodischen Grundlagen nur skizzenhaft berührt. Die ursprünglich dreiteilige Artikelserie ist zuerst in der Zeitschrift *Das Goetheanum** erschienen und wurde von der Redaktion dankenswerterweise für den Nachdruck zur Verfügung gestellt.

Des weiteren zur Überschrift *«... in ihrem anthroposophischen Kontext»:* Die ursprünglich beabsichtigte Formulierung: «Eine anthroposophische Methode zur ...» hat der Autor zugunsten der obigen zurückgestellt, weil der Leser den anthroposophischen Charakter der Methode vielleicht nicht gleich erkennen kann. Dieser Charakter soll hier erst erklärt werden. Die vorgestellten Übungen, vom Autor entwickelt oder empfohlen, sollen die Wahrnehmungsfähigkeit auf dem Gebiet des Ätherischen und anfänglich auch des Astralischen anbahnen, fördern, oder – falls Anlagen und Fähigkeiten bereits vorhanden sind – diese einer geordneten und rationalen Führung durch die eigene Persönlichkeit zuführen. Ihre Natur mag dem erfahrenen Rudolf-Steiner-Leser bisweilen fremdartig erscheinen. Die Übungsanleitungen dieser Methodik gleichen nicht wortwörtlich den Angaben, die von Steiner überliefert sind. Dass aber ein Teil des anthroposophischen Übungsschatzes in seinem Wesenskern gleich dem Wesenskern der Übungen der hier dargestellte Methodik ist, zeigt sich, wenn beide Übungsgruppen genügend – das heißt hinreichend tief – durchdrungen und, sagen wir ruhig auch: *analysiert* werden.

Dies durchzuführen ist die Aufgabe des dritten Teiles dieser Darstellung, insbesondere des Abschnittes, der «Studie» genannt ist.

* *Das Goetheanum*, Nachrichten für Mitglieder, Jahrgang 1998, Heft 18, 19, 20.

Einleitung

Die Darstellung der Methode im ersten Teil hält sich sehr genau an das, was in entsprechenden Seminaren in den letzten sechs bis sieben Jahren entwickelt wurde. Dies wiederum ist die Fortentwicklung einer anderen Arbeit, die drei bis vier Jahre zuvor aus dem Bemühen entstanden ist, eine – wie man es bezeichnen könnte – «geschenkte» Wahrnehmungssituation in eine vom Ich gelenkte Forschungsart zu verwandeln, um dann daraus eine allgemein vermittelbare Methodik zu gestalten.

Den ideellen Freiraum für diese Entwicklung hat der Autor einer kleineren historisch-biographischen Fügung zu verdanken: In den Jahren um 1990 herum hatte sich in einer anthroposophischen Fachzeitschrift eine Streitkultur entwickelt, in der verschiedene Autoren mit einer bewundernswürdigen logischen Schärfe, mit einem erstaunlichen Klarblick und einer Weite des gedanklichen Horizonts ganz und gar untereinander widersprüchliche thematische Schlussfolgerungen aus ihren Studien der Steinerschen Gesamtausgabe darlegten. Die Bewunderung für die klare Gedankenführung einerseits und das Auftreten von lauter Antinomien, deren widerstreitende Partien jeweils auf eine Vielzahl von Zitaten aus dem Werk Steiners gut abgestützt erschienen, lösten beim Autor eine Art «Gedankenneutralisation» aus, aus der sich die Haltung herausschälte: «Wenn logisch-gedanklich aus den Angaben Steiners mit so viel Scharfsinn keine schlüssige Wahrheit zu finden ist, muss ich selbst ‹nachschauen›, wie die Dinge stehen, und wenn ich das nicht kann (was zu dieser Zeit der Fall war), dann muss ich alles Bauen auf Werke Steiners fallenlassen, so schmerzlich das auch ist.» Es entstand über wenige, aber schmerzvolle Jahre der Zustand eines gedanklich-philosophischen Leerraumes, einer geistigen Armut, denn die genannte Haltung verbot jedes weitere rein gedanklich-intellektuelle Studium der Gesamtausgabe.

Erst das unverhoffte Auftreten einer *realen* und vor allem in allen Einzelheiten *bewusstseinsklaren Beobachtungssituation im Übersinnlichen* schien die Situation plötzlich zu ändern. Diese in der übersinnlichen Welt erhaltene (zuerst durchaus sehr bescheidene) Beobachtung stellte sich als ein überaus kostbares Geschenk heraus. Wirklich geändert hat sich die Situation aber erst nach weiteren Jahren, in denen es gelang, durch härteste Arbeit und mit dem Mut einer Verzweiflung, das heißt Angst um einen unwiederbringlichen Verlust, aus diesem Geschenk eine dem eigenen Willen und der eigenen Ratio soweit wie irgendwie möglich gehorchende Fähigkeit zu machen.

Aus den Erfahrungen dieser Arbeit entstand letztendlich die hier beschriebene Methode. Trotz der erwähnten «Gedankenneutralisation» hatte der Autor immer den Eindruck, nie die Anthroposophie verlassen zu haben, sondern höchstens einige ihrer bisherigen Erscheinungsformen. Gerade das in den letzten Jahren wieder einsetzende sehr intensive Studium der Anthroposophie zeigt ein ganz vertrautes Bild, in welches sich das Erreichte vollkommen einbetten lässt, es sich gleichsam spielerisch eingliedert. Dies soll in der vorliegenden Arbeit gezeigt werden.

I.
Darstellung der Methodik

1.

Das Kernstück der Methodik ist der vom Ich aus bewusst gehaltene Zustand der Gedankenruhe zugunsten einer gerichteten Vertiefung der Wahrnehmungsvorgänge. Dazu werden die allgemeinen und alltäglichen Denkvorgänge, die aus dem Verbinden von Begriffen und Wahrnehmungen bestehen, gedrosselt bis zum zeitweiligen Stillstand, was unter geeigneten Bedingungen zu einer intensiven Vertiefung der Wahrnehmungsseite führt.

Nach dieser Vertiefung des Wahrnehmungsvorganges, der sich an irgendeine Art von «Objekt» anbindet, wird das Bemühen der denkerischen Verarbeitung des Beobachteten wieder aufgenommen, die Suche nach Begriffen intensiv eingesetzt. Diese Folge von Vorgängen wird in unterschiedlicher zeitlicher Struktur wiederholt, rhythmisch, impulsartig oder auch als Einzelvorgang, je nach Interessenlage des Anwenders, nach seinen Fähigkeiten oder der Natur des zu beobachtenden Objektes. Die Art der Vertiefung der Wahrnehmung führt über die sinnliche Wahrnehmung hinaus in einen reich gegliederten übersinnlichen Bereich. Auch untersinnliche Bereiche wie Elektrizität, Magnetismus und anderes erschließen sich auf diese Weise, aber in übersinnlicher Art.

Da die Art der Vertiefung über den sinnlichen Bereich hinausführt, können auch Tatsachen aus dem nichtsinnlichen Bereich «Objekte» für diese Art von Beobachtung sein, beispielsweise ein vorgestelltes Bild, ein innerlich gesprochenes Wort oder eine sinngemäß erfasste Idee.

2.

Unter dem Begriff der «Gedankenruhe» wird bei dieser Methodik der vom Bewusstsein voll umgriffener, durchlichteter Gedankenbildungsraum verstanden oder besser: ein Gedankenbilderaum ohne jeglichen Inhalt, also inhaltsleer. Dies ist definiert in Abgrenzung zu dem Verständnis des gleichen Begriffes als meditative Tätigkeit des «Ruhens auf einem einzelnen Gedanken». Nach dem Verständnis der darzustellenden Methodik ist die erste Art von «Gedankenruhe» eine bewusst oder unbewusst gehandhabte, fast technisch zu nennende Voraussetzung für die zweite Art, also der Tätigkeit «Gedankenruhe» als meditative Arbeit an einem Gedanken. Insofern ist die erste Art eine grundlegende Methodik, die zweite Art schon ihre Anwendung. Das «Objekt» im oben genannten Sinne ist dann ein Gedanke. Das Verständnis von Gedankenruhe in der ersten Art lässt mehrere Arten von «Objekten» zu, während sich die zweite Art bereits auf einen Inhalt festlegt, nämlich auf den Inhalt **eines Gedankens.** Es wird dabei die meditative Arbeit der Gedankenruhe mit den Inhalten des Gedankensinnes verbunden. Die Gedankenruhe kann sich aber mit den Inhalten aller Sinnesorgane verbinden. Darauf wird später noch genauer eingegangen.

3.

Der Vorgang der Drosselung – wie oben beschrieben – muss sich an bestimmte Regeln halten, die entscheidend zum gesuchten Erfolg beitragen. Zunächst die «Darf-nicht»- oder «So-nicht»-Regeln:

- Das Denken darf nicht durch eine gewaltsame Intervention des Willens unterdrückt werden, denn im Kopf entstehen dadurch auf übersinnlicher Ebene – schon mit dem allgemeinen Lebenssinn gut erlebbare – krampfartige Zustände, die die gewünschte Beobachtungsvertiefung unterbinden.
- Das Anhalten des Denkens darf nicht durch intensive Verlagerung des Bewusstseins in andere Gebiete bzw. Tätigkeiten des Leibes erreicht werden, wie beispielsweise das Atmen in der Brust oder die Wärmeausstrahlung der Gliedmaßen. Die *Richtung*, in die sich die Wahrnehmung vertieft, würde dadurch eine ganz andere als die hier beabsichtigte. Dazu später noch ausführliche Erläuterungen.
- Die Ruhe von Gedanken darf nicht fortwährend kontrolliert werden, denn dies geschieht gewöhnlich wiederum durch Gedanken, was ein praktizierter Widerspruch ist. Die Kontrolle geschieht auf eine ganz andere Art, die noch erläutert wird.

Wenn man das Aufhalten der Gedanken unter Berücksichtigung dieser drei Bedingungen erprobt, wird man erleben, dass es praktisch unmöglich zu erreichen ist.

Von dieser Regel sind allerdings mancherlei Ausnahmen möglich. Zum einen durch Anlagen, die aus dem Vorgeburtlichen mitgebracht sind, zum anderen aufgrund von Fähigkeiten, die man sich durch Übung in anderen esoterischen Zusammenhängen erworben hat, beziehungsweise durch beides. Mit dem üblichen denkerischen Rüstzeug des westlich zivilisierten Menschen ist der Zustand «wache Ruhe von Gedanken» oder «Denkbewusstsein ohne konkreten Gedankeninhalt» nicht erreichbar.

4.

Um dieses Nichtgelingen zu überwinden, gibt es nun eine Reihe von «Soll»- oder «Muss»-Bedingungen:

- Das Bewusstsein muss im Kopf anwesend bleiben und an Stärke möglichst noch zunehmen. (1)
- Die allgemeinen Seelentätigkeiten des Menschen müssen als in *Denken, Fühlen* und *Wollen* gegliedert erkannt werden. (2)
- Der Einfluss des Fühlens auf das Denken muss erfasst werden. (3)
- Der Einfluss des Wollens auf das Denken muss erfasst werden. (4)
- Der Einfluss der Sinneseindrücke auf das Denken muss erfasst werden. (5)
- Der Einfluss der Erinnerung auf das Denken muss erfasst werden. (6)
- Der Einfluss des Fühlens auf das Denken muss *gelenkt* werden. (7)
- Der Einfluss des Wollens auf das Denken muss *gelenkt* werden. (8)

Bei all diesen Erfordernissen handelt es sich nur zu einem geringen Teil um Erwerb von Wissen und Erkenntnis, zum großen Teil dagegen um den Erwerb von Fertigkeiten. Auch die Formulierung «muss erfasst werden» zielt weniger auf einen Erkenntnisvorgang als auf ein lebendiges Erleben und erlebendes Nachvollziehen in der Sphäre des Bewusstseins von denjenigen Vorgängen ab, die sich sonst im Lebendigen während des Denkens stetig abspielen, aber unbewusst.

In dem Maße, in dem es gelingt, Bedingung (1) im Zusammenspiel mit Bedingung (8) zu erfüllen oder durchzusetzen, tritt eine Vertiefung der Beobachtung von selbst ein. Gerade aber zur

Entwicklung der Fähigkeiten für die Bedingung (8) wird es nötig sein, die anderen Bedingungen zumindest für eine kurze Zeit auch zu erfüllen, um ihre Inhalte kennenlernen zu können.

Der Reigen der «Soll-Bedingungen» erschließt sich dem, der sich in die Methodik einarbeiten will, sich schulen will in Richtung Vertiefung der Wahrnehmung, nur durch *Selbstbeobachtung des Denkens*. Bei der Selbstbeobachtung des Denkens sind nicht die Inhalte des Denkens Objekt des Interesses, sondern der Denkvorgang selbst.

5.

Man kann sagen, dass die «Soll-Bedingungen» sich auf solche Gegebenheiten und Vorgänge im Menschen beziehen, die sich dem alltäglichen Bewusstsein entziehen. Sie verbleiben unter normalen Umständen in dem Bereich, der landläufig das Unbewusste genannt wird. Man kann nach Kenntnisnahme der Verhältnisse sagen, dass sich der Anteil der bewussten Vorgänge im alltäglichen Denken zu dem Anteil unbewusster Vorgänge verhält wie die Spitze eines Eisberges zu seinem tragenden Anteil unter Wasser, nur muss man sich den tragenden Teil um ein Vielfaches größer vorstellen, als es in den natürlichen Verhältnissen der Fall ist. Diese Aussage ist in keiner Weise in irgendeiner Richtung übertrieben. Dementsprechend ist es auch nötig, eine anstrengende Arbeit zu unternehmen, um diesen sehr weit- und außerordentlich tiefreichenden Anteil mit Bewusstsein zu durchdringen.

Die Durchdringung dieses unbewussten Anteils geschieht durch *Selbstbeobachtung des Denkens*. Da man dabei prinzipiell allen eingeschliffenen Gewohnheiten entgegengesetzt arbeitet, ihrer natürlich gegebenen Fließrichtung entgegenwirkt, muss für die ersten Erfolge in dieser Arbeit sehr viel seelische Kraft, sehr viel *Willensenergie* aufgebracht werden. Das ändert sich erst, wenn auch diese Tätigkeitswege sich ein wenig eingeschliffen haben, erste Gewohnheiten geworden sind.

Der Vorgang, das Bewusstsein vom *Ergebnis* eines Denkvorganges auf den *Vorgang der Gewinnung* dieses Ergebnisses zu lenken, bedeutet eine Umkehr der Blickrichtung, die *bewusst* nur durch den Wesenskern des Menschen erreicht werden kann, durch die Anwesenheit seines Ich. Dabei ist das Ich des Menschen die Instanz, die

- die Motivation zu dieser Arbeit auslöst oder – wenn diese Arbeit *nicht* in die eigene Biographie passt – diese auch unterbindet;
- die Willenskraft für die Anfangsarbeit befeuern kann oder das «Durchhalten» sichert;
- imstande ist, die natürlichen Funktionsrichtungen der Seele umzulenken und / oder neu zu gestalten.

Schematisch ist also die Methodik folgendermaßen zu verstehen: siehe Übersichtsdarstellung auf der folgenden Seite.

6.

Die Vertiefung der menschlichen Wahrnehmung kann in die verschiedensten Richtungen gehen. Durch die Bearbeitung der Seelentätigkeit des Denkens wird dieser Vertiefung aber eine klare Richtung vorgegeben. Diese ist eine andere, wenn man zwar in anderer, aber grundsätzlich doch ähnlicher Weise das Fühlen

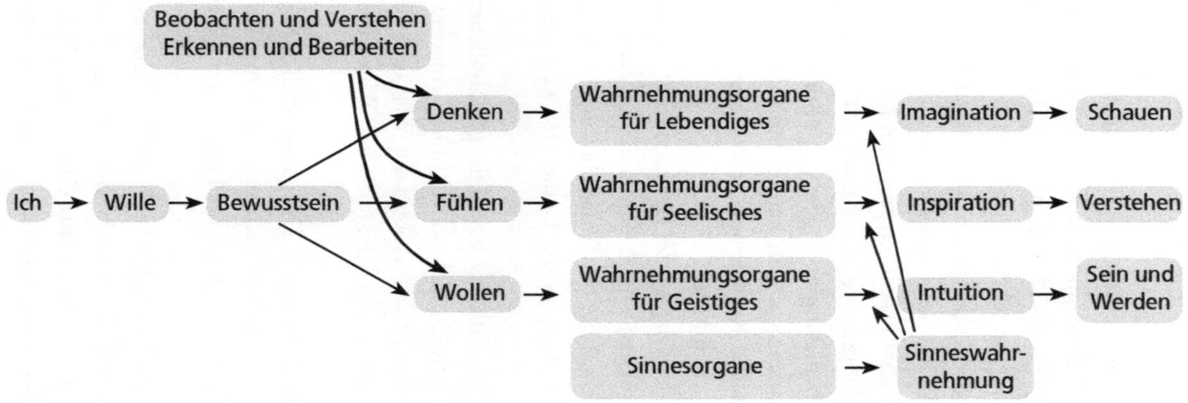

Individuelle Initiative des Menschen: Entfaltung der Ich-Tätigkeit	Allgemeine Zeitlage: Entfaltung der Bewusstseinsseele	Seelentätigkeiten, z.T. bewusst, überwiegend unbewusst	Neu zu entwickelnde Wahrnehmungsorgane	Anwendung der Wahrnehmungsorgane	Qualität der Wahrnehmung in der Praxis: vielfältige Mischformen in allen nur erdenklichen Zusammensetzungen

bearbeitet, und wieder eine andere, wenn man den Willen bearbeitet.

So ungewöhnlich es erscheinen mag, so ist es doch im Falle des Denkens so, dass die Wahrnehmung sich in Richtung eines *Miterlebens der Lebenskräfte* (oder *Ätherkräfte* oder *Bildekräfte*) vertieft. Ungewöhnlich mag es erscheinen, weil man das Denken für einen sehr «toten», harten, sklerotisierenden Vorgang halten kann. Das trifft aber nur für das heute in dem westlichen Kulturkreis üblich gewordene mechanistische Gepräge der Denk*inhalte* zu, in dem Begriffsbildungen wie «Stoffwechsel-Reaktionsmechanismen», «Kreislauf-Pumpe» (Herz), «hormonelle Regelkreise» und «Signalketten» sehr häufig und solche wie «Maschinerie der genetischen Regulation» zwar seltener, aber doch einprägsam genug vorkommen.

Demgegenüber findet der Vorgang des Denkens selbst – ganz unabhängig von seinen Inhalten – im Medium des Lebendigen statt. Die Richtung der Vertiefung der Wahrnehmung ist damit vorgegeben: Zunächst dringt sie in das Gebiet der wogenden Lebensvorgänge ein.

Für die Bearbeitung des Fühlens gilt: Die gewöhnlichen Sinneswahrnehmungen vertiefen sich in Richtung eines Erfassens und Begreifens des seelischen Anteils der Welt und des Menschen. Die Welt wird dann zum Schauplatz von Wesen und deren Tätigkeiten.

Für die Bearbeitung des Willens gilt: Die gewöhnlichen Sinneswahrnehmungen vertiefen sich in Richtung einer Annäherung an ein Involvieren in den geistigen Anteil der Welt und des Menschen.

In der Beobachtungspraxis lässt sich oft eine strenge Trennung der drei Bereiche nicht erreichen, und die Wahrnehmungen werden oft Mischformen sein. Für eine bewusste Orientierung in der übersinnlichen Welt ist aber zumindest für eine kurze Zeit eine klare Trennung möglichst weitgehend anzustreben.

7.

Da die Selbstbeobachtung des Denkens auch eine Frage des (innerlich einsetzbaren) Willens ist, gehen in der Praxis der Übungsseminare allem anderen oft Übungen zur Steigerung der Konzentration und leichte Willensübungen voraus. Da die Willensübungen allerdings in der Kürze der Zeit den Willen nicht wirklich schulen können, wird dabei nur die *Art* der Anstrengung vermittelt, auf die es ankommt.

Das Besondere der Willensbetätigung liegt für die genannten Ziele in ihrer Verknüpfung mit dem Bewusstsein. Im Großen und Ganzen geht es immer darum, mit der Kraft des Bewusstseins zu arbeiten und diese willentlich zu beeinflussen.

Um Denken, Fühlen und Wollen nicht unnötig zu mischen, werden die «Bewusstseins-Willensübungen» nicht an Denkaufgaben geübt, sondern am Leiblichen, zum Beispiel mit allen Reflexen zuwiderlaufenden rhythmischen Fingerbewegungen oder mit Koordinationsbemühungen von Armen und Beinen, die sich in jeweils unterschiedlichem Takt bewegen.

8.

Man kann sagen, das Bewusstsein, wie es heute dem Menschen für die Bewältigung seines Alltags zur Verfügung steht, ist gemessen an den Erfordernissen der Selbstbeobachtung des Denkens, eine «lahme Ente». Es fehlt ihm an Kapazität in verschiedenen Dimensionen. Diese Dimensionen sind:

1. Kraft oder Stärke der Eindringlichkeit
2. Weite, das heißt Möglichkeit zur Ausdehnung, zur Streckung

3. Beweglichkeit, Flüssigkeit, Leichtigkeit der Bewegung
4. Geschwindigkeit in der Bewegung, Schnelligkeit der Zuwendung

Man vergleiche seinen eigenen Bewusstseinszustand und die eigenen Fähigkeiten, mit dem Bewusstsein umzugehen, mit dem Bewusstseinsfeld, das eine Katze umgibt, wenn sie zu einem Sprung auf eine Maus wartet. Man lasse dabei alle üblichen Beurteilungen weg, wie: *die wunderschöne edle Katze, die arme Maus, eine Katze ist doch nur ein Tier, gleich wird Leben getötet, die edlen Bewegungen* und so weiter. Man vertiefe sich nur in die gespannte, klare wache Aufmerksamkeit, die in blitzschnelle Bewegungen hinüberleitet.

Mit ähnlicher klarer, reiner und starker Aufmerksamkeit muss der Denkbeobachter der oft nur schnell aufblitzenden und gleich wieder verschwinden wollenden Wahrnehmung hinterherspringen, um sie für eine tiefere Rezeption eine Weile festzuhalten, zu bannen. Während allerdings bei der Katze das Ziel des Sprungs mit der Maus ganz und gar festgelegt ist, ist die menschliche Situation eine ganz andere: Der Inhalt einer Beobachtung ist ganz ungewiss!

Die gespannte Aufmerksamkeit der Katze vor dem Sprung ist aber nur eine der vielen Möglichkeiten, Aufmerksamkeit zu gestalten, zu lenken. Eine ganz andere, fast diametral entgegengesetzte, ist das hingebungsvolle Warten, das passive Erwarten, dem nicht ein Erobern folgt, sondern ein Entgegennehmen, ein sanftes Hereinnehmen. Fatalerweise verwechselt der heutige Mensch diese Haltung mit dem Zustand einer Schwäche, einer Ergebenheit aufgrund von Kraftlosigkeit, also mit der Situation eines Erobert*werdens,* weil man keine Kraft mehr für Widerstand hat. Typisch für den modernen Menschen, nimmt dies der genannten Haltung ihre ganze Würde und stellt auch den Erfolg, der damit zu erringen ist, infrage.

Auch wenn es ganz widersprüchlich klingt: Die hingebungsvolle Erwartung muss ebenso kraftvoll, stark oder «mächtig» sein wie die den plötzlichen Sprung auslösende gespannte Aufmerksamkeit der Katze.

Kann man sich zwischen diesen beiden Polen in vielerlei Zwischentönen frei bewegen, hat man ein ausgezeichnetes Rüstzeug zur Verfügung, um nicht nur das Denken, sondern auch alle anderen seelischen, geistigen, aber auch körperlichen Tätigkeiten des Menschen zu beobachten, zu studieren und zu erkennen. Um dem Bewusstsein neue Fähigkeiten beizubringen, sind in künstlerischen Bereichen eine Reihe von Übungen bekannt, zum Beispiel in der Musikpädagogik oder (insbesondere) der Eurythmie. Sie sollen hier nicht weiter besprochen werden.

9.

Der Ausgangspunkt für die Selbstbeobachtung des Denkens ist eine ruhige, geordnete Gedankenfolge. An dem übungsmäßigen, das heißt mit erhöhter Aufmerksamkeit durchgeführten Versuch, über eine längere Zeit hinweg einen Gedanken folgerichtig an den anderen anzuschließen, zeigt sich in der Beobachtung sehr viel. Entgegen einer weit verbreiteten Ansicht ist unser alltägliches Gebrauchsdenken nicht eine wohlgeordnete Folge von Denkschritten, die mit einer Frage, einer Suche oder einer Besinnung beginnt und mit einer Antwort, einer Lösung oder einer Vertiefung endet. Der erste Versuch, zum Beispiel an einer etwas schwierigeren Mathematikaufgabe einen ruhigen, ungestörten, nur durch innere sachliche Beziehungen bewegten Gedankengang zu erzeugen, demonstriert, wie vielerlei naturgegebene und zivilisationsbedingte Kräfte das Gegenteil in unserem Denken bewirken. Die Bewegungen folgen nicht logischen oder exakt fantasievollen Beziehungen oder werden durch Ideen durchstrukturiert, sondern folgen allen möglichen anderen Impulsen. Das Ergebnis sind abgebrochene Gedankenfolgen, willkürliche Ausrichtung durch beliebige Assoziationen, ständig neu angeregte «Gedankenfolge-Anfänge», impulsiert durch ständig wechselnde Sinnesreize teils äußerer Art, teils innerer Art, durch Gemütsstimmungen und Leibesverfassungen. Eine ängstliche Seele denkt anders als eine selbstsichere, mit einem hungrigen Magen denkt man anders als mit einem gesättigten!

Das, was man alltägliches Denken nennt, gleicht mehr einem ungeordneten Spiel als einer Arbeit, wobei verwunderlicherweise das regelmäßige Auftauchen von sinnvollen Ergebnissen in Bezug auf einzelnen Fragestellungen für die Alltagsbewältigung völlig ausreichend ist. Dazwischen bleibt jedoch viel Platz für eine mehr ziellos spielerische Art der Gedankenentfaltung. Eigenartigerweise leistet gerade dieses Spielerische beträchtlichen Widerstand, will man es zugunsten einer «gerichteten Gedankenarbeit» in seiner Entfaltung einschränken und bewusst lenken.

10.

Ungeachtet dieser Schwierigkeiten reicht das mit erhöhter Aufmerksamkeit begleitete Durchdenken einfacher mathematischer Operationen wie Addition, Subtraktion oder Multiplikation für die Selbstbeobachtung des Denkens aus, wenn es nur lange genug durchgehalten werden kann und wenn die Ergebnisfindung sich nicht ausschließlich in schnellen Lösungsassoziationen (eintrainierten Erinnerungen) erschöpft.

An einer einfachen Aufgabe wie dem Multiplizieren der Reihe von 10 x 10, 11 x 11, 12 x 12, … 21 x 21 lässt sich im Prinzip alles Wichtige über die gewöhnliche Art des Denkens erfahren. Die Inhalte der «Soll-Bedingungen» (3) bis (6) sind in dem Bemühen um die Lösung dieser Aufgabe gut zu erleben. Wesentliche Bedingung für dieses Erleben ist die erhöhte Aufmerksamkeit, wobei zu bemerken ist, dass es sich nicht um ein «bisschen mehr» Aufmerksamkeit handelt, sondern um einen «ordentlichen Schub» mehr. Denn nur ein Teil davon darf für die Lösung der Aufgaben verwendet werden, die ja in jedem Falle richtig geraten soll. Die Tiefe der Erlebnisse hängt davon ab, wie viel weitere Aufmerksamkeit der Rechnende für die Beobachtung der Rechentätigkeit selbst aufwenden, bereithalten kann. Ein Irrtum kann sich hier einschleichen, wenn man mit dieser Aufmerksamkeit die Besonderheiten der *Lösungswege* sich einprägen will und darüber reflektiert. *Darum* geht es ***nicht!***

Es geht um ganz anderes. Einfache Fragen sollen beantwortet werden wie: Was ist überhaupt eine Zahl in meinem Kopf? Wo ist sie? Offensichtlich werden Zahlen während des Rechnens bewegt – wer macht das und wie macht man das? Offensichtlich verwandeln sich die Zahlen während des Rechnens – wie geht das zu? Zahlen verschwinden, andere kommen hinzu – wo gehen sie hin, wo kommen sie her? Das sind Fragen, die in unserer Gesellschaft (fast) nie auf diese Art gestellt werden. Deswegen fehlen auch einschlägige Begriffe für die entsprechenden Erfahrungen, falls sie zufälligerweise zustande kommen.

Das Hauptgewicht dieser Übungen liegt also auf Erfahrungsgewinnung im Sinne der Eroberung neuer Wahrnehmungsfelder im Bereich des Unbewussten des Denkens. Der Vorgang, wie zu diesen neuen Wahrnehmungen passende Begriffe kommen, gehört ebenfalls zu diesem neuen Wahrnehmungsfeld.

Sind zu den Wahrnehmungen passende Begriffe hinzugekommen und gehen wir damit um, sind wir bereits wieder im

Umgang mit Denkinhalten angekommen, also im gewöhnlichen Denken. Selbstbeobachtung des Denkens kann also nur im Wechselspiel von intensiv gelenkter, gesteuerter Aufmerksamkeit zur Wahrnehmung und anschließendem denkerischem Verarbeiten gelingen.

11.

Neben den Inhalten der «Soll-Bedingungen» (3) bis (6) muss dem Übenden eine Fülle von Verhältnissen zu Bewusstsein kommen, die praktisch immer und bei fast jedem Denkvorgang ganz selbstverständlich und ohne Frage, aber eben unbewusst auftreten. Gemäß der außerordentlichen Tiefe des unsichtbaren Teils des Eisberges sind dabei die allereinfachsten Tatsachen die am allerschwierigsten zu Bewusstsein zu bringenden. Das betrifft zum Beispiel die Frage nach der Art, wie Denkinhalte im Kopf auftreten, in welchem «Kleid» sie auftreten. Die Art soll hier kurz beschrieben werden, obwohl das Schwierigkeiten mit sich bringt. Es gehört zu den unauflösbaren Schwierigkeiten einer Methodendarstellung wie der vorliegenden, dass sie einen Teil der Erfahrungen, die ein Übender sich erringen muss, vor dem Erfahrenwerden durch den Übenden schon benennen und erklären muss, um einen einigermaßen kontinuierlichen Fluss der Darstellung zu ermöglichen. Es wird für den Übenden dadurch aber schwieriger, vom Wissen einer Materie zur Erfahrung derselben zu kommen.

Um das Problem der Vorwegnahme von essenziellen praktischen Erfahrungen an einer Übung möglichst weitgehend zu umgehen, werden die Erfahrungen, die benannt werden müssen, nicht so beschrieben, nicht so mit Begriffen belegt, wie man es gewöhnlich aus der praktischen Erfahrung heraus tun würde, sondern abstrakter, das heißt mit Begriffen, die ein ganzes Stück weit von der aktuellen Lebenserfahrung entfernt liegen. Ist man gewillt, nach dem Studium dieser Methodenbeschreibung Übungen zu unternehmen, sollte man sich das vor Augen halten und dann möglichst unbefangen an die Übungen herangehen.

12.

Noch einmal zu dem Problem der Vorwegnahme von individuellen Erfahrungen durch Wissensvermittlung: Da es sich bei der Schulung zur Vertiefung der Wahrnehmung um einen Erwerb von (inneren) Fertigkeiten handelt, ist ein zu früher und zu weitgehender Wissenserwerb hinderlich, da dieser Motivation und Willensmobilisierung zum eigenen Üben bis zur Lähmung dämpfen kann. Das wiegt schwer, weil die allerersten Schritte gerade den größten Willensaufwand erfordern. Ein großer Teil dieses Willens muss in die Bereitstellung der seelischen Haltung der Unbefangenheit fließen, was auch eine *Wissensneutralisation* bedeutet. Insofern zeigt die angesprochene Wissensvermittlung ihre Zweischneidigkeit: Sie arbeitet einerseits der Unbefangenheit entgegen, stört sie, macht sie schwieriger, gibt aber andererseits eine Auswahl aus den unzähligen Betätigungsmöglichen vor, die dem Übenden aus dem Zusammenwirken-Lassen seiner verschiedenen seelischen Möglichkeiten zur Verfügung stehen. Darüber hinaus gibt sie dort Hilfestellung, wo der Übende vor mancher sonst befremdlich klingenden Übungsanweisung hilflos sitzen bleiben würde. Man prüfe Letzteres an der Aufforderung: Sieh nach, wo deine Erinnerungen herkommen, und sieh nach, wo sie bleiben, wenn du sie nicht hervorholst! Es ist eine Gratwanderung, gerade so viele Ergebnisse «preiszugeben», dass diese einer (vielleicht auch nur un- oder vorbewussten) Koordination der inneren Suchbewegung Vorschub leisten, ohne dass sie gleichzeitig die innere Erkraftung durch selbstständig gewonnene Erfahrung vernichten.

13.

Eine erste Beobachtung im Bereich des Denkens betrifft die Art des ***Erscheinens von Denkinhalten:*** Wenn sie beobachtet werden, sind sie entweder optischer oder akustischer Natur. Unbeobachtet im Alltag treten sie in den meisten Fällen überwiegend in kombinierter Form auf.

Die Begriffe ‹optischer und akustischer Natur› sind – wie oben begründet – bewusst abstrakt ausgewählt, die Benennung der direkten lebendigen Beobachtung würde sicher anders ausfallen. Beides läuft aber auf das Gleiche hinaus.

Diese, man möchte geradezu sagen, «primitiven» Gegebenheiten unseres Denkens sind entsprechend ihrer Schlichtheit kaum bewusst zu realisieren. Genauer gesagt kann man über diese Aussage zwar gut nachdenken, sie aber kaum erleben. Man kann sie zum Beispiel für mehr oder weniger wahrscheinlich halten, man kann sie mit anderen Aussagen anderer Menschen vergleichen, man kann sich empören über eine solche Lappalie oder man spürt das Problem, das sich dahinter verbirgt, und empfindet Respekt davor, oder anderes.

Mit der Kraft des Alltagsbewusstseins ist es fast unmöglich, aus unbefangener Beobachtung heraus festzustellen, dass ich beispielsweise die Zahl *drei* entweder akustisch vernehme oder ausspreche (nur innerlich!) und dabei akustisch oder optisch vernehme (nur innerlich!) oder zwei oder drei von diesen Möglichkeiten zusammen auftreten, wenn ich denkend mit dem Begriff *drei* umgehe. Selbstverständlich kann die Zahl *drei* auch in anderem «Kleid» auftreten, zum Beispiel gemischt mit Tastempfindung, mit Bewegungsempfindungen oder so komplizierten Dingen wie Strukturerleben oder rein geistigem Sinnerleben; das ist aber nicht die Regel, sondern sind individuelle Variationen.

Im Allgemeinen bemüht man einen inneren optischen und / oder akustischen Sinn, während man denkt. Es gehört zu unserer innigen Verwobenheit mit der Welt, zu dem kaum lösbaren Verwachsensein mit den irdischen Verhältnissen, dass uns dies nicht weiter auffällt.

14.

Eine weitere Beobachtung ist: Während des Denkens, vorzugsweise des «irdischen» Denkens (wie weiter unten in Teil 19 definiert), gestalten die *optischen Bildelemente* das Denken in einem ***Bildraum*** (oder *Bilder*raum und / oder *Bildungs*raum), der sich im Allgemeinen von der Stirn an *bis ca. dreißig Zentimeter nach vorne in den Raum* erstreckt. Bei dieser Angabe beachte man, dass es sich nur um einen Durchschnittswert handelt, der zwar in genau dieser Form sehr oft vorkommt, aber in nicht unerheblichem Maße geradezu abenteuerliche Abweichungen aufweisen kann. Dies sowohl in Raumesrichtung (die Vorstellungen bilden sich in oder über dem Hinterkopfbereich, bilden sich im erweiterten Brustbereich, das heißt in oder vor der Brust, oder bilden sich auf der Höhe des Sonnengeflechts in einem nicht genau begrenzten Raum davor) als auch in der Entfernung von den physischen Körpergrenzen, von *innerhalb* der Stirnplatten bis zu Metern *außerhalb*. Beobachtungen dieser Art zeigen immer wieder, wie viele Möglichkeiten dem Menschen zur Verfügung stehen, um sein Seelenleben möglichst frei und vielfältig zu entfalten.

Die Angabe «außerhalb des Körpers» mag erschrecken, abstoßen oder größten Unglauben bzw. Skepsis hervorrufen. Allein die unbefangene Beobachtung mit der Frage, wo sich meine Bildvorstellungen in Bezug auf meinen physischen Kopf befinden, belegt diese merkwürdige Tatsache.

15.

Diese Beobachtung «außerhalb des Körpers» stellt eine gewisse Klippe dar, kann sie doch dem materialistisch gestimmten Gemüt oder Verstand die Überzeugung beibringen, dass entscheidende Dinge des menschlichen Lebens auch außerhalb der physischen Leibesgrenzen (nicht der Leibesgrenzen überhaupt!) stattfinden können. Für ein Gemüt oder einen Verstand, die vielleicht nur deshalb so gestimmt sind, weil Erziehung, Alltag und allgemeine Wissenschaft keine Anhaltspunkte für eine andere Überzeugung liefern, sind solche Erfahrungen durchaus richtungsweisend. Sie sind aber eventuell doch über eine längere Zeit gewöhnungsbedürftig. Immer wieder überrascht die Einheitlichkeit, mit der Menschen aus allen Altersschichten (Kinder und Jugendliche ausgenommen), aus allen Bildungsschichten und allen möglichen Lebenslagen diese Beobachtung machen können, wobei nur die genannten, verwunderlich anmutenden (aber doch ganz normalen) Variationen ab und zu diese Einheitlichkeit trüben. Eigenartigerweise wird die Tatsache, dass Beobachtungen «außerhalb des Körpers» stattfinden, fast nie ihrer

Bedeutung entsprechend gewichtet, oder besser gesagt, sie wird überhaupt nicht gewichtet. Im Grunde genommen bedeutet sie aber die Möglichkeit einer ersten und sicheren – im Sinne von ungefährlichen – Berührung mit dem Übersinnlichen.

Eine Übung, die dazu entwickelt wurde, diesen Tatbestand angemessen ins Bewusstsein zu heben, ist der Versuch, den Vorstellungsraum vor der Stirn, in dem gerade eine starke Vorstellung aufrechterhalten wird, mit einer Handbewegung langsam zu durchdringen. Man kann erleben, wie die Vorstellung durch die eindringende Hand schon *in gehörigem Abstand vor der Stirn* sehr empfindlich reagiert. Die Möglichkeiten der Reaktion – auch abhängig von der Persönlichkeit des Übenden – sind so vielfältig, dass sie hier nicht alle besprochen werden können. Nur zwei Extreme seien beschrieben: Die Vorstellung fällt sofort in sich zusammen (kommt sehr oft vor) oder sie leuchtet verstärkt auf, erglänzt in schönerem Licht (kommt selten vor). Dazu gibt es noch viele, auch ganz andere Arten von Reaktionen.

Was damit erreicht ist, ist die Berührung mit einem ganz speziellen (zur inneren Vorstellung führenden) Stück Ätherraum oder -feld, mit einem übersinnlichen Kraftfeld, welches uns «von innen her» so vertraut ist, dass wir es als übersinnlich gar nicht erkennen. Eigentlich müsste die Seele des Übenden, der diese Erfahrung zum ersten Mal macht, eine ganze Weile brauchen, um diesen Eindruck zu «verdauen», wenn nicht gar eine leichte Erschütterung erfahren, was an und für sich eine gute Sache für die innere Entwicklung, für eine innere Horizonterweiterung wäre. Auch die Eingliederung in den eigenen Begriffshimmel müsste ein ganzes Stück Zeit und Kraft brauchen.

16.

Es muss an dieser Stelle unbedingt bemerkt werden, dass allen diesen Schilderungen und auch den folgenden eine gewisse Oberflächlichkeit anhaftet. Dies soll angesichts der vielen Mühen, die es braucht, um die im Unbewussten liegenden Tatsachen zu entdecken, nicht zum Spott gesagt werden. Es soll gesagt werden, um die vielen möglichen und berechtigten Einwände einordnen zu können, die darauf hinweisen, dass die beobachteten Verhältnisse doch viel komplizierter sind und «eigentlich doch ganz anders aussehen».

Der Hinweis auf die Komplexität ist vollständig berechtigt, der Hinweis auf ein «eigentlich ganz anderes Aussehen» aber nicht. Ersteres steht für sich und kann auch nicht geändert werden, die Komplexität ist nun einmal da. Sie erscheint aus der Perspektive der heutigen Bewusstseinsentwicklung sogar grenzenlos. Bezüglich des «Aussehens» muss gesagt werden, dass in dieser Methodendarstellung alle Tatsachen und Verhältnisse der menschlichen Seelentätigkeit streng unter dem Gesichtspunkt eben dieser Methodendarstellung, der Methodenentwicklung und des Erwerbs entsprechender Fähigkeiten beschrieben werden und daher ein bestimmtes «Gesicht» haben, welches aus einer anderen Perspektive anders aussehen würde. Zugegebenermaßen leidet die Darstellung unter dieser Aspektuierung. Insbesondere, wenn geistige Einflüsse auf das Denken genauer berücksichtigt würden, müsste die Darstellung ein anderes Gesicht bekommen, vielleicht nicht ein *ganz* anderes, doch ein wesentlich *vollständigeres* Gesicht mit einem anders gelagertem Schwerpunkt (oberhalb des irdischen Denkens). Man kann aber mit bestem Gewissen sagen: Ist die Methode einmal anfänglich erlernt, ist sie «beim Schopf ergriffen», führt ihre fleißige Anwendung von selbst zu dieser anderen Darstellung. Überhaupt muss betont werden, dass jede anfänglich gefundene Tatsache im unbewussten Bereich des Denkens kein abgeschlossenes Faktum ist, sondern – jedes Detail für sich – ein Tor für grenzenlose Forschungstätigkeit.

17.

Auf die Einflussnahme des Fühlens auf das Denken soll in dieser Methodendarstellung nur kurz eingegangen werden, obwohl dies im vollen Widerspruch zu der Bedeutung dieses Einflusses steht. Seine Bedeutung steht auch im Widerspruch zu der verbreiteten Ansicht, dass bei charakteristischen reinen Denkaufgaben – wie zum Beispiel mathematischen Problemlösungen – das Fühlen entweder keine Rolle spielt oder keine Rolle spielen sollte.

Man prüfe diese Aussagen anhand folgender Fragen:

Wer oder was erklärt mir in einer mathematischen Aufgabe die Richtigkeit der Lösung?

Was treibt mich dazu, eine einmal gefundene Lösung zu überprüfen, welche Instanz bringt mich dazu?

Was bedeutet die in der Mathematik vorkommende Aussage: ein «eleganter Beweis»?

Welche Instanz erklärt überhaupt das «Hinreichen» einer Beweisführung? Nicht gemeint ist die denkerische Definition der Art der Beweisführung (die wird vorausgesetzt), sondern die Überprüfung der Anwendung im aktuellen Fall.

Wer vermittelt mir in einem logischen Schluss die Urteile wahr / falsch?

Die Rolle des Fühlens kommt meist erst dann zum Vorschein, wenn eine Aufgabe einen gewissen Grad an Komplexität erreicht hat, also nicht nur aus den Reflexen des Erinnerungsvermögens gelöst werden kann. Andererseits können Erinnerungsreflexe so schnell auftreten, dass doch das Fühlen eben in charakteristischer Weise wieder in den Denkvorgang eingreift. Aber wie?

Als Hilfestellung für die Fragen 1 und 5 halte man sich künstlich, aber realistisch, das heißt eindringlich, eine richtige und eine falsche Aufgabenlösung vor Augen. Die Aufgabe kann sehr einfach sein. Beispiel: 3 x 3 = 9 und 3 x 3 = 12. Dies sich nebeneinander vorzustellen ist doch ganz leicht, oder? Wie reagiere ich darauf? Warum reagiere ich, oder genauer: wer reagiert? Wenn ich versuche, genau zu begründen, warum mir die Aussage 3 x 3 = 12 doch nicht egal ist und dabei nicht an dem Oberflächlichen der Formulierungen ‹Ist doch klar, weil es falsch ist› oder ‹Das ist doch logisch, es stimmt eben nicht› hängenbleibe, sondern die seelischen Bewegungen vorher betrachte, gleichsam den tieferen bewegenden, motivierenden Untergrund, der mich erst zu diesen Formulierungen greifen lässt, ist die Ebene des Fühlens nicht zu ignorieren. Im Gegenteil: die Ebene des Fühlens erweist sich als notwendige Durchgangsstufe zu einer noch tiefer liegenden Ebene, die für das Denken ganz unentbehrlich ist: die Ebene des Willens. Das wird weiter unten noch ausführlich behandelt.

Die Bedeutung des Fühlens ist so entscheidend, dass dem, der darum weiß, die Frage ganz bedeutend wird, warum das allgemein so schwer zu entdecken und weitestgehend unbekannt ist. Die Tiefe der Bedeutung des Fühlens im menschlichen Seelenleben ergibt sich auch aus anderen Beobachtungen, zum Beispiel der einfachen Frage:

Wieso erscheinen tatsächlich die passenden (richtigen) Erinnerungsbilder, wenn ich zu einer bestimmten Vorstellung aufgerufen werde. Warum erscheint das Erinnerungsbild eines Balles, wenn man mir sagt oder ich mir sage: Stelle dir einen Ball vor! Warum kommt kein Flugzeug oder Pferd ins Gesichtsfeld? Zugegeben ist dies ein schwieriges Untersuchungsfeld, aber die Ergebnisse sind tiefgründig! Es kann hier aber nicht weiter darauf eingegangen werden.

18.

Obwohl die Bedeutung des Fühlens, insbesondere die *Wahr-/Falsch-Wahrnehmung*, das sogenannte *Gewissen* und das *Herzempfinden*, für das Verständnis des menschlichen Lebens außerordentlich groß ist, ist die Beschreibung und Erfahrung der Tätigkeit des *Willens im Denken* für die vorliegende Methodenbeschreibung das Wichtigere. Wie oben angedeutet, ragt die Bedeutung des Einflusses des eigenen Willens auf die Tätigkeit des Denkens über alle anderen Einflüsse hinaus. Die persönliche, selbstständig erreichte Entdeckung der eigenen Willenstätigkeit im Denken bildet den Schlüssel für die Fähigkeit, diesen Willen auch beeinflussen zu können. Ohne diesen Willen entdeckt zu haben, weiß man eigentlich nicht, wo man an seinen Seelentätigkeiten ansetzen soll, um sein Denken nicht nur inhaltlich – was recht leicht fällt –, sondern im Sinne eines An- und Abstellens beeinflussen zu können.

Um den Denkwillen beeinflussen zu können, muss man ihn empfinden, erfühlen oder erleben können, erst damit findet man den Ansatzpunkt für den eigenen Zugriff. Das kann an den zwei Polen dieser Willensströmung geschehen: an der *Quelle* des Stromes oder am *Ende*, an dem er wirkt. Die Quelle sind die Muskelregionen des Körpers einschließlich der inneren Organe, die Wirkungen sind die Denkbewegungen im Kopf. Die Quellgebiete sind leicht zu entdecken, wenn es im Anschluss oder während einer anstrengenden Mathematik- oder sonstigen Konzentrationsaufgabe gelingt, die Verfassung des eigenen Leibes, seine feinen Ge- oder Entspanntheiten zu studieren. Entscheidend dabei ist die Fähigkeit zur Teilung der Aufmerksamkeit, was in diesem Fall schon viel Geschick erfordert, da die zu lösende Aufgabe an sich schon richtig anstrengend sein muss, damit das ungeübte Bewusstsein überhaupt etwas mitbekommt.

Eine sehr brauchbare Übung, um die genannten Pole der Willenstätigkeit zu finden, ist folgende: Man addiere die Zahlen der natürlichen Reihe fortlaufend: 1 + 2 = Ergebnis > + 3 = Ergebnis > + 4 = Ergebnis > + 5 = Ergebnis > + 6 = Ergebnis > + ... usw. Die Übung wird fortlaufend immer anstrengender und dadurch der Willenseinsatz immer deutlicher. Sowohl die Quelle der Anstrengunen als auch die ‹Anwendung› des Willens in Form der Denkbewegungen beim Durchführen der Rechnung sind gut zu studieren, wenn die Teilung der Aufmerksamkeit lange genug aufrecht erhalten werden kann. Die Bedingung für einen Beobachtungserfolg in der genannten Richtung liegt allerdings darin, dass sich der Übende aller Suche nach Rechenerleichterungen unbedingt enthält. Ein Streben nach abkürzenden Algorithmen muss unterbleiben, denn verständlicherweise verliert die Übung dadurch ihren Sinn.

Eine Steigerung erfährt die Übung, wenn die Addition durch Multiplikation ersetzt wird.

19.

Die Brücke vom Denk*willen* zum Denk*ergebnis*, zu dem also, was man im klassischen Denken als Einziges im Auge hat, bilden die Denk*bewegungen*. Sie sind innere Taten, die das Material des Denkens – meist Bilder, die man optisch, oder Begriffe, die man akustisch wahrnimmt – bearbeiten. Die Beobachtung von Denkbewegungen zeigt unter anderem zwei verschiedene Arten von Tätigkeiten: Überwiegen die *eigenen persönlichen* Tätigkeiten im Umgang mit dem Denkmaterial – welches im allgemeinen aus den frischen Sinneseindrücken oder aus dem Erinnerungsfundus stammt –, so hat man ein kombinierendes oder assoziierendes oder erinnerndes Denken, insgesamt eine Art «irdisches Denken» vor sich.

Ordnen sich ab und zu – zwischendurch sozusagen – die Denkinhalte einmal *wie von selbst*, das heißt finden sich Problemlösungen durch sogenannte Ideen oder Einfälle von allein, haben wir eine Art geistiges Denken, ein Denken, in dem uns Lösungen von irgendwoher geschenkt werden. Ihre Quelle wird in der Regel nicht wahrgenommen. Man kann klar sagen, dass der heutige Mensch im Allgemeinen in seiner Seelenführung noch nicht stark genug ist, um sein Bewusstsein bis in den Bereich dieser Quellen ausdehnen zu können. Philosophen, Künstler und Wissenschaftler haben aber immer wieder diese Momente beschrieben, in denen ihnen besondere Gedanken zukamen, zu- oder einfielen, wobei das Bewusstsein, das heißt die Aufmerksamkeit für diesen Moment, meist durch lange oder intensive Wartezeiten besonders geschärft war. Die tieferen eigentlichen Quellen dieser Gedanken bleiben aber überwiegend unbenannt.

Es ist für die Selbstbeobachtung des Denkens eine überaus erquickliche Angelegenheit, diese «Einflussnahme von außen» sinnend nachzuvollziehen. Auch die Suche nach ihrer Quelle kann Erfahrungen hervorbringen, die unsere gewohnten Vorstellungen so revolutionieren, dass eine Weitung des menschlichen Freiheitsempfindens die Folge ist, ein Aufrichten zur inneren Menschenwürde gestärkt wird.

20.

Unabhängig davon, ob wir die Denkbewegungen als irdisch kombinatorisch, geistig oder gemischt ansehen, *alle* Denkbewegungen sind immer *lebendiger* Natur. Die Frage, welcher Art die Kräfte sind, die diese Bewegungen auslösen, lenken und komplexer zusammenstellen, ist eine andere und führt in andere Regionen. Zunächst spielen sie sich auf der Stufe des Lebendigen, des Ätherischen, des Vitalen ab. Das Lebendige des Denkens ist als innere Taten erlebbar. Ob von mir selbst (unbewusst) oder von etwas Fremdem ausgelöst, gestaltet oder geführt, ist ein Unterschied, der auf dieser Stufe des Erlebens noch nicht klar erkennbar ist.

Nach dem ersten Schritt der Erkenntnis des allgemeinen Willensdrucks, der dem Denken unterliegt und der das Denken in Gang hält, folgt der zweite, ebenfalls unerhört schwierige Schritt: das Erkennen der Differenzierung dieses Willens in ganz fein ausziselierte Denkbewegungen. Besser noch könnte man diesen Schritt eine Beobachtungserrungenschaft nennen, die der Übende erreichen kann. Zu Übungszwecken beobachte man dazu beispielsweise die unterschiedliche innerliche Haltung (Bewegungsrichtung), die man annimmt, wenn man zwei Zahlen addieren will, im Gegensatz zu der, wenn man sie voneinander subtrahieren will. Zu beobachten ist bei dieser scheinbar primitiven Denktätigkeit ein ganzer innerlicher «Szenenwechsel». Eine Beschreibung dieser Szenen bringt einen ganz neuen Erfahrungshorizont zustande.

21.

Kann man den (automatischen, heutzutage reflexhaft bereitgestellten) Willensdruck zur Denkbereitschaft dämpfen, kann man den Kopf vom Willen zum Denken entlasten, lassen selbst so unbeeinflussbare Zwänge nach wie das Nachdenken über Art, Ursache oder Folge von stärkeren Sinneseindrücken wie zum Beispiel das Martinshorn des vorbeifahrenden Polizeiwagens.

Wenn die Willensgrundlage für das Denken nachlässt, lässt auch die Denkbereitschaft nach. Dem Kopf können dann die Gedanken so entschwinden wie das Wasser aus einem Becken entschwindet, wenn der Abflussstopfen weggenommen wird.

Ein natürlicher Zusammenhang, in dem dies ganz leicht und gewollt, aber in den Einzelheiten eben unbewusst, geschieht, ist das Einschlafen. Das kann auch während der Übung passieren, wenn der Übende das Bewusstsein nicht hochhält, es nicht im Kopf anwesend behält. Es kann passieren, dass ein Abgleiten in die natürliche Situation des Einschlafenwollens Schwierigkeiten bringt. Auch an dieser Stelle muss das Ich eine Willensumkehr einleiten. Es gestaltet damit zwei gegenläufige Willens-Teilströme: Dem abfließenden Willensstrom (zur Etablierung von Gedankenruhe) stemmt sich ein zweiter Willensstrom entgegen, um das Mitfließen des Bewusstseins zu verhindern. Das Ich sollte im Gegenteil noch das Bewusstsein in der aufgerichteten Haltung im Kopf verstärken.

Der Übende sollte sich aber während der Übung unbedingt von der *erklärenden* Beschreibung, wie sie eben gegeben wurde, trennen und nur die jeweiligen Ziele vor Augen haben: große oder starke Wachheit im Kopf und das Abfluten des Denkwillens in den Leib zurück. Dies als zwei gegenläufige, vom Ich gelenkte Willensströme erkennen zu wollen ist für den Anfang und noch weite Strecken danach eine Überforderung und würde, gleich angegangen, die Übung infrage stellen.

22.

Das Eintreten von Leere im Denkraum ist je nach Charakter, Temperament und Übungslage ganz verschieden zu erleben. Unter günstigen Umständen ist eine grundlegende Entspannung, eine Erholung, eine «Freistellung» zu erleben, wie man sie aus dem Leben selten oder gar nicht kennt. Störungen dieser idealen Situation gibt es aber viele. Zwei davon sind allgemein verbreitet und wichtig zu erwähnen:

Die eine ist, dass das Nicht-Denken bei vollumfänglichem Wachbewusstsein als elementarer Mangel erlebt wird. Der Mensch *will* Gedanken haben, weil das zu seinem *Selbstbewusstsein* gehört, weil er der (unbewusst gefühlten oder empfundenen) Meinung ist, dass das Denken zur Aufrechterhaltung seiner inneren Würde unbedingt nötig ist. Das weit verbreitete Problem liegt in dem Satz: «Cogito ergo sum» (ich denke, also bin ich)! Descartes hat diesen Satz auf der Suche nach einem festen, unerschütterlichen Standpunkt (eigentlich dem wahren Selbst) geprägt und ist dabei in der Seelentätigkeit des Denkens angelangt.

Indem dieser Satz ein weit verbreitetes Selbstverständnis bezeichnet, ist er wahr. An sich ist er aber nicht wahr, speziell das *ergo.* Denn *ich* kann auch gut *sein*, wenn ich gedankenlos mich rein nur in Gefühlen bewege (möglich zum Beispiel in der Musik oder anderem Kunstgenuss) oder mich ebenso gedankenlos im Willen – oder besser: in Körpertätigkeit und Körperempfindung – aufhalte (möglich beim Sport oder hingebungsvoller, ausdauernder Feldarbeit oder anderem), ohne dass mein Selbstwertgefühl darunter leidet, oft eher im Gegenteil. Letzten Endes wird sich für das Selbstwertgefühl nur die Kraft bzw. Instanz als tragfähig erweisen, die nicht in Denken, Fühlen und Wollen ganz aufgeht, sondern diese lenkt und ihr Zusammenspiel regelt, also das reine Ich. Von dieser Instanz ausgehend ist es eine Frage der inneren Motivierung, den oben beschriebenen, für einzelne Menschen wirklich stark erlebbaren Verlust für eine Weile aushalten zu können, auch ohne zunächst eine Perspektive für irgendeine Art von Entschädigung für dieses «Leid» zu haben. Die Nöte dabei können kurzzeitig sehr dramatisch werden.

Die zweite mögliche Störung ist eine Irritation aus dem Bereich des Fühlens. Man kann charakterlich (zeitweise oder auch zeitlebens) so gestimmt, so «konstruiert» sein, dass das eigene Fühlen solche Fragen und Probleme, die es innerhalb des Fühlens oder auch durch Willensimpulse nicht lösen kann, also insbesondere die komplizierten, schwierigen, «endlosen» Fälle, dem Denken zuschiebt, sie an den Kopf weiterreicht mit der Erwartung, dass dieser Lösungen gedanklicher Art herbeischafft. Vereinzelt ist diese Erwartung eine ganz natürliche Haltung. Wird sie aber über längere Zeit aufrechterhalten und ist dann zur Gewohnheit geworden, kann es passieren, dass bei Eintreten von Gedankenruhe das Gefühl in Ermangelung der engen Verbindung zum Denken anfängt, nervös zu werden, seelisch «zappelig» zu werden, es wird zu einer Quelle von irritierenden Impulsen. Das Gefühl wird seine Bedürfnisse und Nöte dann irgendwie kundtun.

Man kann zur Abhilfe dem Fühlen beruhigende, tröstende Gedanken zukommen lassen und entsprechende Übungen wiederholen. Im Gegensatz zu den Gedanken, die man durch andere Gedanken nicht zur Ruhe bringen, sondern nur in ihrer Art verändern kann, können Gefühle – insbesondere in dem besprochenen Falle – sehr gut durch Gedanken beruhigt werden.

23.

Indem das Ich den Denkwillen (zeitweise) kontrolliert, zurückhält und aufstaut, entleert sich (bei konsequentem Durchhalten der Disziplin) allmählich der Denkraum von Sinneseindrücken, Erinnerungen, Begriffen und Bildern. Gerade an den Sinneseindrücken lässt sich sehr schön studieren, wie dieser Vorgang sich schrittweise vollzieht: Die Sinneseindrücke können sich zunächst noch um ein Vielfaches verstärken – man hört zum Beispiel das leiseste Scharren von Schuhen im Raum oder die entfernteste Vogelstimme ganz nah –, man wird aber gewahr, dass die Beeindruckbarkeit durch Sinneseindrücke abebbt, wenn den Sinneseindrücken keine Gedanken nachfolgen können, wenn sie keine Gedanken anziehen können. Der Denkraum wird also bei vollem Wachbewusstsein nach und nach inhaltslos.

24.

Kann das Bewusstsein sich lange und stark genug halten, wird es bemerken, wie dieser entleerte Denkraum, der sonst an so viel inhaltsvolles Denkleben gewöhnt ist, nun, da er es entbehren muss, einen Sog für neues Leben entwickelt. Dieser Sog bewirkt eine ***neue Art von Wahrnehmung:*** Insbesondere der innere Sehsinn, aber auch der innere Hörsinn und andere innere Sinne bekommen eine Art Überwachheit, sie dehnen ihr Streben nach Inhaltlichem über die gewohnten Sinneseindrücke und Erinnerungsinhalte hin aus, da sie diese im Augenblick ja nicht erhalten können. Das, was weiter oben ein Vertiefen der Wahrnehmung genannt wurde, kann hier genauer als ein Weiten, Dehnen oder Strecken erkannt werden. Und dieses Streben und Suchen geht nach dem, was die Denkinhalte eigentlich auch sonst immer sind: nach *Ätherkraft*.

25.

Dass das, was der Mensch im Denken normalerweise bewegt und bearbeitet (oder von geistigen Wesen bearbeiten lässt) ätherischer Natur ist, wird ihm nur deshalb nicht bewusst, weil dieses ätherische Material überwiegend die Struktur, oder besser das Aussehen, das «Gesicht» von Sinnesinhalten trägt. Weil weitaus das Meiste, das der Mensch heutzutage im Denken bewegt, der Sinneswelt entnommen oder ihr nachgeahmt ist, kommen wir nicht zu der Beobachtung, dass dieses Etwas in unserem Denken rein ätherische Kraft ist, welche durch die Sinne nur durchstrukturiert wurde, sozusagen ihr Gesicht bekommen hat. Solange wir in den äußeren Sinnen leben und wahrnehmen, sind wir an die Sinneswelt hingegeben, wir sind in der Sinneswelt. Sobald wir uns das Wahrgenommene vorstellen und / oder uns daran erinnern, sind wir es nicht mehr. Am wenigsten sind wir es, wenn wir anfangen, über das Wahrgenommene nachzudenken.

Auch wenn sinnlich-physische und auch untersinnliche (elektrochemische) Prozesse im und am Gehirn das Denken zwecks Anbindung an den physischen Leib begleiten, ist das Denken an sich ein rein übersinnlicher Vorgang.

26.

Das Streben und Suchen nach ätherischem Inhalt veranlasst den Denkraum, einen über die Denkwahrnehmung hinausgehenden Sinn zu entwickeln. Das Denken wird unter diesen Umständen zu einem Wahrnehmungsorgan für das Lebendige, für Ätherkräfte.

Damit aber ein Organ zu einem voll umfänglichen, voll tauglichen Wahrnehmungsorgan wird, muss es bestimmte Bedingungen erfüllen; davon soll weiter unten die Rede sein. Zunächst soll beschrieben werden, was in dieses Wahrnehmungsorgan eintritt und wie dieses erlebt werden kann.

27.

Was in den Denkraum zur Wahrnehmung eintritt, kann in ganz verschiedenen Formen dort erscheinen, auch wenn es sich immer um die gleiche Ätherkraft handelt. Zum Verständnis mache man sich klar, wie unterschiedlich ein Gegenstand in der Sinneswelt wahrgenommen wird, je nachdem, welches Sinnesorgan ihn wahrnimmt, ob er beispielsweise mit den Augen oder bei geschlossenen Augen mit dem Tastsinn wahrgenommen wird. Diese weit gestreckte Bandbreite von Möglichkeiten setzt sich in der Wahrnehmung der Ätherkräfte fort: Die Ätherkräfte können als reine Kraftimpulse erlebt werden, das entspräche der Sinneswahrnehmung durch den Tastsinn, oder aber als leuchtende, strahlende, innerlich sich bewegende Bilder oder Folgen von Bildern. Dies entspräche der Sinneswahrnehmung durch das Auge.

Die innere Wahrnehmung von Vorstellungsbildern steht vermittelnd zwischen Ätherwahrnehmung und Sinneswahrnehmung. Auch dort ist die erwähnte Bandbreite wiederzufinden:

Manche Vorstellungsbilder – und sei es nur ein einfaches Dreieck oder ein Kreis – können nur als Kraftgebilde, ganz unsichtbar empfunden werden, das heißt, man weiß zwar ganz genau, dass sie da sind und kann auch ihre Form exakt beschreiben, *sieht* sie aber nicht, oder – in einem anderen Extrem – sie erscheinen als leuchtende, schön strahlende Gebilde, die man innerlich sehend erlebt.

28.

Man muss beachten, dass die Möglichkeiten der sprachlichen Differenzierung sehr gering sind, um die Verhältnisse, die im Übersinnlichen anzutreffen sind, angemessen beschreiben zu können. So ist es nicht einfach, den Unterschied zwischen einem Vorstellungsbild, welches durch die menschliche Vorstellungskraft zu leuchten beginnt, und dem leuchtenden Bild, welches durch eine fremde Ätherkraft erzeugt wird, zu beschreiben. Gelingt es, diese zwei Arten von Bildern in der Anschauung nebeneinander zu halten, springt sofort der Unterschied ins Auge, allein die Beschreibung mit Worten fällt schwer. Vielleicht so: Die Leuchtkraft, das lichtvolle Erscheinungsbild einer Vorstellung ist immer um ein charakteristisches Stück blasser, fader oder schlichter als die Erscheinung einer zur Anschauung verdichteten Ätherkraft. Der wesentliche Unterschied liegt darin, dass das Vorstellungsbild letzten Endes Kraft verbraucht, nämlich die eigene zur Vorstellung benötigte Ätherkraft, während das Bild einer wahrgenommenen Ätherkraft Kraft abstrahlt, Kraft spendet, eine Art über- oder ausquellenden Charakter hat. Dies ist so, sei die Wahrnehmung auch noch so zart und / oder noch so kurzzeitig. Es liegt in ihr etwas Spendendes, auch wenn das nur für Bruchteile von Sekunden erlebbar ist.

29.

In dieser Methodendarstellung sollen zur begrifflichen Klarstellung die Bilder aus den Vorstellungen (häufig auch Erinnerungsbilder) *Visualisierungen* genannt werden, während die Bilder aus der Wahrnehmung von Ätherkräften *Imaginationen* heißen sollen.

30.

Sowohl Visualisierungen (Vorstellungen) als auch Imaginationen sind ätherischer Natur. Ein deutlicher Hinweis auf die Äthernatur von Vorstellungen ist ihre bewegliche Natur. Wenn nicht besondere Begabungen oder Konstitutionen vorliegen oder wenn nicht die spezielle ätherische Natur der Umgebung des gerade übenden Menschen das Gegenteil bewirkt, sind Vorstellungsbilder sehr flüchtige Gebilde, und es bedarf einer (meist unbewusst ausgeführten) Anstrengung, sie festzuhalten, sie ruhig zu halten. Aus der inneren Natur ihres Lebendigseins wollen sie sich bewegen oder verändern, meist beides und das unentwegt.

Noch wesentlich gesteigert tritt die Beweglichkeit auf, wenn statt Visualisierungen *Imaginationen* im Bildraum entstehen. Blitzartiges Auftreten und vorüberhuschende Bewegungen gehören zu ihrer Natur. Das bringt wesentliche Probleme für das «Registrieren», das Ergreifen solcher Eindrücke, mit sich.

Ein klassisches Problem der anfänglichen Ätherkraft-Wahrnehmung ist also das schnell erscheinende und schnell wieder verschwindende und damit fragmentarisch bleibende Auftreten von Eindrücken. Es erfordert *Geduld* (auch Durchhaltekraft), um einen einmal kurz ergriffenen Eindruck wieder aufzufinden, was vielleicht erst nach verschiedenen neuen Anläufen gelingt, eventuell erst nach längerer Zeit (im Extremfall nach Jahren). Es erfordert zudem am Anfang Mut, einen oder mehrere solcher Eindrücke überhaupt ernst zu nehmen, sie für wirklich und wichtig zu halten. Der Fortschritt der Bemühungen, sich in der ätherischen Welt zurechtzufinden, hängt aber stark von dem Einsatz dieser beiden Tugenden ab. Viel hängt davon ab, wie man die flüchtigen Eindrücke bewertet, wie man sie gewichtet, das heißt für wichtig hält.

31.

Am Beispiel eines Wahrnehmungsorgans in der Sinneswelt, dem Auge, soll erläutert werden, welche Bedingungen ein Organ erfüllen muss, um zu einem Wahrnehmungsorgan zu werden.

- Das Organ muss selbstlos sein. Wenn das Auge selbst leuchten würde, könnte es außer sich selbst nichts wahrnehmen. Ähnlich kann man im Dunkeln den Weg nicht erkennen, wenn man eine Lampe (ein frei leuchtendes Licht, zum Beispiel eine Kerze) dicht vor sich her trägt, man sieht nur die Lampe.
- Das Organ muss mit einer gewissen Menge an Bewusstsein durchdrungen oder daran angeschlossen sein. Das Auge kann gut wahrnehmungsfähig und offen sein, aber wenn das Bewusstsein sich an ganz anderer Stelle aufhält, ist es möglich, dass wir trotzdem nichts sehen. Bei einem hoch spannenden Buch ist es gut möglich, dass wir uns nicht daran erinnern können, ob und wie viele Seiten wir umgeblättert haben, Buchstaben und ganze Sätze können an unserem Bewusstsein vorbeigehen, wenn wir gebannt in ihren Inhalt untertauchen.

Ähnliches kann noch deutlicher bei längerem Autofahren passieren, wenn wir dabei in einem spannenden Beitrag aus dem Radio aufgehen, ohne dass uns irgendein Fehler im Verkehr unterläuft.

- Das wahrnehmende Organ muss sich auf der «Ebene» des Wahrzunehmenden befinden. Das Auge ist für das Sehen nach den Gesetzen der Optik gebaut, es kann nicht hören; das Ohr ist nach den Gesetzen der Akustik gebaut, es kann nicht sehen.
- Das Organ muss sich ausrichten können. Das geschieht einerseits auf der physischen Ebene durch Hinschauen, entsprechend Hinhören äußerlich oder Hintasten, oder es geschieht dadurch, dass das Bewusstsein fokussiert und selektiert. Das heißt, das Bewusstsein wählt aus dem gegebenen Wahrnehmungsfeld das für es Interessante aus.
- Das Organ sollte schließbar sein. Offensichtlich ist dies aber nur beim Auge gut möglich, bei anderen Organen geschieht es aber zum Teil genauso wirkungsvoll, zum Teil sogar wirkungsvoller, durch Bewusstseinsverlagerung.

Die erste, zweite und dritte Bedingung sind nach den bisherigen Übungsbemühungen erfüllt. Die Anforderungen des Ausrichtens und des Schließens bedürfen aber noch weiterer Erläuterung und auch Übungsbemühungen.

32.

Für eine systematische Erforschung der ätherischen Welt ist es von entscheidender Bedeutung, dass man das neu entwickelte Wahrnehmungsorgan für Ätherkräfte willkürlich lenken lernt, das heißt dass man es neben dem Öffnen und Schließen auch ausrichten, fokussieren, konzentrieren und auch wieder weiten kann. Vom Öffnen war bisher die Rede, das Schließen wird weiter unten besprochen. Hier soll zunächst das Lenken der Wahrnehmung besprochen werden.

Dem freien, willkürlichen Lenken der Wahrnehmungsrichtung stehen zwei Probleme gegenüber. Das erste ist ein Problem der Tat: Durch geschickte Aufmerksamkeitslenkung und gezielte seelische Anstrengungen müssen bestimmte Barrieren überwunden werden. Das zweite ist ein Problem des Verständnisses: Der Übende muss sich darüber klar werden, dass die klassische Subjekt-Objekt-Beziehung, die der Mensch im alltäglichen Leben gegenüber der Welt hat, eine Änderung erfährt. Diese Klarheit braucht er, um sich in den neuen Erfahrungen zurechtfinden zu können.

33.

Zunächst das erste Problem, das der Tat: Es kann passieren, dass die oben beschriebene Suchbewegung, die zur Vertiefung oder besser Erweiterung der Wahrnehmung führt, nichts Neues findet, dass die Suchbewegung in einem inneren Spannungszustand in sich stecken bleibt, dass keine weiteren Folgen eintreten. Dann ist man an eine Barriere, die aus den Gewohnheiten des Alltagsdenkens übrig geblieben ist, angestoßen und daran hängengeblieben. Das Alltagsdenken hat eindeutig autistische Züge. Diese Formulierung ist nicht leichtfertig gewählt, sie ist gerechtfertigt angesichts der starken Innenbezogenheit des normalen Denkens und der Schwierigkeit, die Umgrenzungen oder Eingrenzungen zu überwinden, die dem ätherischen Denkfeld dadurch eingeprägt sind.

Die starke Innenbezogenheit erhält das Denken durch das heute extrem einseitige, bis zum Übermaß ausgebildete Interesse der menschlichen Seele an den Inhalten der Sinneswelt. Da in der heutigen Kultur sehr wenig übersinnliche Erfahrungen zur Verfügung stehen, kann der Mensch diesen Sachverhalt nur schwer erkennen. Es ist aber so, dass zwischen den Inhalten aus der Sinneswahrnehmung und dem seelischen Interesse eine sehr starke Anziehung besteht und die Seele so, wie es ihrer Natur entspricht, diese Inhalte nach innen zieht, sie für ihr Eigenleben einsaugt. Dies tut sie aber nicht nur mit den Wahrnehmungen aus der Sinneswelt, sondern auch mit den Inhalten aus dem Denkraum, die zwar an sich ätherischer Natur sind, aber heute fast ausschließlich das Gepräge aus der Sinneswelt haben.

34.

Zu dieser starken, qualitativen Anziehung zwischen Seele (bzw. Astralleib) und Inhalten aus der Sinneswelt kommt entscheidend eine ganz bestimmte Gewohnheit hinzu, die die Innenorientierung des Denkraumes wesentlich verstärkt. Das ist die fortwährende Kommentierung von Denkergebnissen durch die fühlende Seele. In einem unentwegten Strom von seelischen Kommentaren in den vielfältigsten «ist gut»- oder «ist schlecht»-Nuancen (zum Beispiel: gefällt mir, gefällt mir nicht; taugt etwas, taugt nichts; ist nützlich oder ist es nicht; etc.), ob laut oder leise empfunden, wird die Aufmerksamkeit an die Sinnesinhalte im Wahrnehmen und Denken gebunden. Das gibt dem Denken sein autistisches Gepräge und ermöglicht überhaupt erst, dass der Mensch so ausgesprochen viel Falsches denken kann – obwohl in vielen Fällen in sich durchaus logisch, folgerichtig und auch klar gedacht wird. Nach Rudolf Steiner bedeutet ein in sich richtiges (logisches, vernünftiges etc.) Denken noch lange kein «wirkliches» Denken, das heißt, dass ein Denken in der Wirklichkeit angekommen ist. Für den Denkraum auf ätherischer Ebene bedeutet dies aber, dass er wie abgeschlossen, wie eingekapselt ist und es einiger Anstrengung bedarf, um das in den eigenen Seelenbezug eingesponnene Denkleben über sein ätherisch-astrales Denkgehäuse hinauszuführen.

35.

Bei der Frage, was das «Denkleben über sein ätherisch-astrales Denkgehäuse hinauszuführen» bedeutet, kann es leicht zu Missverständnissen kommen. Es muss daher, bevor praktische Übungshinweise gegeben werden, das weiter oben erwähnte zweite Problem ausführlich erläutert werden.

Es muss hier bemerkt werden, dass zu Darstellungszwecken die zu beschreibenden Verhältnisse wesentlich vereinfacht werden müssen. Insbesondere zum Inhalt der letzten vorausgegangenen Kapitel muss betont werden, dass es sich bei der Ausbildung der Wahrnehmungsfähigkeiten im Übersinnlichen (zunächst in der ätherischen Welt) nicht einfach um den Erwerb eines zusätzlichen Wahrnehmungsorgans handelt, nach dem Prinzip: so und so viele Sinnesorgane für die physische Welt plus ein Organ für die überphysische Welt. Es ist ganz anders: Für den Erwerb der Wahrnehmungsfähigkeit im Übersinnlichen ist eine komplexe Umschichtung innerhalb des Wesensgliedergefüges des Menschen nötig.

Der innere Zusammenhang der Wesensglieder, des physischen Leibes, des ätherischen Leibes, des seelischen Leibes nebst seiner

Ich-Anlage muss verändert werden. Das bedeutet in Verbindung mit den letzten Kapiteln: Das, was für das alltägliche Leben «innen» und «außen» genannt wird, ändert sich schrittweise und allmählich in ganz neue Verhältnisse hinein.

36.

Während im Normalfall alles dasjenige «innen» genannt wird, was sich innerhalb unserer Leibesgrenzen befindet, wird schon mit Beginn der Selbstbeobachtung des Denkens eine Veränderung eingeleitet, die eine Neubestimmung des Begriffes «innen» erfordert. Es wird langsam, aber zunehmend das, was vorher als eigenes, persönliches Seelenleben empfunden wurde, etwas Fremdes, Äußerliches.

Im Laufe der Zeit trennen sich mit den Übungen nicht nur die Seeleneigenschaften von Denken, Fühlen und Wollen, die im alltäglichen Leben in unüberschaubarer Weise vermischt wirken, in ganz eigenständige Bereiche. Vor allem geschieht auch ein Herausgliedern der Ich-Kraft aus diesen Tätigkeiten, die dabei mehr auf sich selbst konzentriert und mehr auf sich selbst gestellt wird.

Eigentümlicherweise werden die ersten Entwicklungen der Ich-Kraft-Verschiebung gelegentlich als Ich-Verlust oder Schwächung erlebt, was aber durchaus nicht der Fall ist. Eher ist es umgekehrt: Ohne eine gewisse Ich-Stärkung oder besser Ich-Besinnung würde der Verlust von den Verwobenheiten mit rein Seelischem gar nicht erst empfunden werden.

Während vorher die Ich-Kraft wie verdünnt in die vielfältigen Seelentätigkeiten hinausfließt und in dieser Verdünnung wie *schläft*, gewinnt sie jetzt eine Konzentration, in der sie den Verlust von Identifikation mit Seeleneigenschaften erst bemerken kann, sich quasi jetzt erst richtig empfindet. (Letzteres ist im Vergleich zu der ganzen, wirklichen, dem heutigen Menschen aber noch weitgehend verborgenen Größe des Ich immer noch nur ein schwacher Abglanz.)

37.

Zusammenfassend gesagt, ändert sich das Subjekt-Objekt-Verhältnis zur Welt so, dass ganze Bereiche, die vorher als subjektiv betrachtet wurden, zu objektiven werden. Zum Vergleich könnte man innerhalb des normalen menschlichen Lebens den Sonderfall der ernsthaften Erkrankung eines Organs oder eines Organbereichs anführen, wo insbesondere in chronischen Fällen die betreffenden Organe des eigenen Leibes durch dauernde Dysfunktion und Schmerzen dem eigenen Erleben fremd werden, wo der Mensch das wie von außen betrachtet, was vorher von Jugend an ganz selbstverständlich als eigen, als zum eigenen Selbst, zum «Innen» gehörig empfunden wurde. Den Vergleich einschränkend, muss aber gegenüber der Situation des Krankseins der Vorgang der Objektivierung ganzer seelischer «Innenbereiche» als ein Vorgang der Gesundung betrachtet werden, ja sogar als ein Vorgang der Gesundung, der über das normale Maß an Gesundheit hinausführt. Das kann hier aber nicht weiter erläutert werden.

38.

Eine weitere, der eben beschriebenen Subjekt-Objekt-Beziehung geradezu gegenläufige Veränderung tritt ein, wenn das Bewusstsein wahrnehmend in den Bereich der Ätherkräfte eintritt. Im Gegenzug zu der Trennung des Ich von den seelischen Aktivitäten im eigenen Inneren verschmilzt der für Wahrnehmung freigewordene Teil des Ätherleibes in der Wahrnehmung ein Stück weit mit dem Wahrzunehmenden. Es findet ein gegenseitiges Durchdringen statt, ein Miterleben, noch stärker: ein Stück «So-Werden» wie das Wahrgenommene.

Die meist sehr klare Trennung zwischen Mensch und Welt auf der physischen Ebene erleidet auf der ätherischen Ebene eine Aufweichung, etwas «Übergängliches», eine Verwischung von Subjekt und Objekt. Um dem modernen Menschen ein gesundes Eintreten in die Wahrnehmung der ätherischen Welt zu ermöglichen, muss diese Tatsache kompensiert werden.

39.

Hier nun erweist die Entwicklung, die dazu führt, dass das Ich während der Übungen immer mehr auf sich selbst gestellt wird, ihren unverzichtbaren Wert: Da auch die seelischen Eigenschaften des Menschen mit in das Verweben während der Beobachtung im Ätherischen hineingezogen werden können, ist nur die sich auf sich selbst stützende Ich-Kraft die Instanz, die einen soliden Stützpunkt für das Subjektive, das der Mensch nicht entbehren kann, gewährleistet.

Der Satz «Cogito ergo sum», muss hier also anders heißen: er muss klingen wie: «Sum ergo sum» – ich bin, also bin ich.

Das nötige Gegengewicht gegen alle auflösenden Tendenzen im Übersinnlichen bildet der Rückzug auf das Ich, die Besinnung des Ich auf sich selbst.

40.

Obwohl in einer wissenschaftlichen Denkweise angesiedelt und sie auch in einem Mindestmaß voraussetzend, ist doch die vorliegende Methodik ein Kind der christlichen Entwicklung der Menschheit, die mit dem steten Anwachsen der Kraft des individuellen Ich im einzelnen Menschen seit Christi Geburt und Tod, bewirkt durch seine Auferstehung, rechnet.

Für die Methodik heißt dies genauer: Das Maß, in dem sich das Ich in sich selbst ohne Abstützung auf die anderen Wesensglieder, der Seele, dem Ätherleib und dem physischen Leib, halten kann, dieses Maß bestimmt die Tiefe und Reichweite, mit der der Mensch in die ungemein komplexen und unüberschaubar vielgestaltigen übersinnlichen Bereiche eindringen kann, nicht nur im Bereich des Ätherischen, sondern auch im Bereich der seelischen und geistigen Kräfte.

41.

Die Anmerkungen zum veränderten Subjekt-Objekt-Verhältnis mussten gemacht werden, weil die Ausrichtung des neu erworbenen Wahrnehmungsvermögens sowohl in die Außenwelt, die Natur – das ist die «alte» Objektwelt – als auch in die neu entstandene, innere Objektwelt gelenkt werden kann. Damit ist der Bereich, auf den die Methode angewendet werden kann, sehr weit, sehr breit ausgedehnt. Die vielfältigen Anwendungsarten im Rahmen dieser Darstellung zu beschreiben ist nicht möglich.

Der Einfachheit und Kürze halber soll hier nur der Weg in die klassische Außenwelt beschrieben werden. Dabei geht es, wie oben beschrieben, darum, die natürlichen autistischen Züge der Denkgewohnheiten zu überwinden. Dazu kann die Pflege der *Seelentätigkeit des Fühlens* eine wertvolle Hilfe sein.

42.

Sollen die Ätherkräfte in der Außenwelt, der menschlichen Umgebung, wahrgenommen werden, sind folgende Schritte sehr erfolgreich:

Der Ausgangspunkt liegt vorzugsweise in der Sinneswelt. Dabei kann es sich um ein Lebewesen handeln, ein Stück Gestein, einen Bach oder eine atmosphärische Erscheinung. Das, was daran von Interesse ist, wird genau betrachtet, in den Blick genommen. Die Betrachtung kann weitläufig sein – eine Landschaft, eine Vogelgezwitscher-Kulisse –, sie kann aber auch sehr fokussiert, konzentriert sein – der Stiel oder die Rippe eines Blattes, eine bestimmte Welle innerhalb eines Bachlaufes. Wichtig ist, dass man sich in die gewählte Erscheinung intensiv vertieft, so weit, bis man von ihr in einer Weise berührt wird, die über das rein Sinnfällige – also nur Optik oder nur Akustik –, über das rein Faktische hinausgeht. Am besten ist dieser Übergang zu beschreiben durch die Formulierung: Der Betrachter wird durch die – oder, besser, von der – Erscheinung *berührt*.

43.

Die Anforderung des Berührtwerdens wird von vielen modernen Menschen nur schwer erreicht werden, da der gewohnheitsmäßige Blick in die Natur stumpf geworden ist und eine Berührung nicht mehr stattfindet. Um dennoch intensiv mit dem zu Betrachtenden in Kontakt, in Verbindung zu kommen, sind bestimmte *bewusst geförderte Gefühle* eine vorzügliche Hilfe. Drei Grundrichtungen der Gefühle bieten sich an, die, wenn sie der Außenwelt entgegengebracht werden, die Verbindung zu ihr intensivieren können. Die erste Richtung wird durch das Gefühl des Interesses vertreten, die zweite durch die Zuneigung, die dritte durch das Erstaunen. Je nachdem, ob man mehr denkerisch veranlagt ist, mehr fühlend oder wollend, ist die eine oder andere Richtung passend. Wichtig ist dabei die Steigerung der Gefühle über das landläufig übliche Niveau der Lauheit hinaus zu einem *brennenden Interesse*, zu einer *tiefen Zuneigung* oder *Liebe* und zu einem *tiefen, offenen Staunen*. Erreicht man dadurch ein Berührtwerden durch das Gegenüber, müssen diese Gefühle wieder zur Ruhe kommen und letzten Endes ganz schweigen. An ihre Stelle tritt jetzt das von Inhalten befreite Denkbewusstsein, wobei die Ausrichtung über die Sinne zwar geschwächt, aber hintergrundmäßig erhalten bleibt.

Zarte (oder eventuell auch eindrucksvoll starke) *Bewegungseindrücke* zeigen die *beginnende Wahrnehmung von Ätherkräften* an. Wahrnehmbar werden Bewegungen wie Strömen, Strahlen, Verdichten, Spreiten, Einhüllen und vieles andere mehr, insgesamt alles Formbewegungen. Können die Eindrücke eine bestimmte *Dichte* erreichen, fangen sie an zu leuchten. *Imaginationen* entstehen.

44.

Wie oben angedeutet, liegt der Ausgangspunkt für die Anwendung der Methodik in all dem, was die Sinneswelt dem Menschen an Erfahrung bietet. Diese sollen so vertieft werden, dass eine «Berührung» mit den übersinnlichen Teilen der Sinneswahrnehmung möglich wird. Nach Rudolf Steiner ist die menschliche Sinnestätigkeit in zwölf Bereiche aufgegliedert, so wie sie in der zweiten Spalte der unten stehenden Tabelle angeführt sind. Diese Gliederung umfasst wesentlich mehr Sinneswahrnehmungsmöglichkeiten als im allgemeinen Bewusstsein heute gezielt gehandhabt werden.

Durch die Hinzunahme der Wahrnehmungsvorgänge, die bei inneren Tätigkeiten wie kombinierendes Denken, verstehendes Denken, inneres Sprechen und Ich-Erkennen, aber auch bei Tätigkeiten wie Sich-Bewegen, Sich-im-Gleichgewicht-Halten und dem allgemeinen Erhalten des eigenen Lebens auftreten, ist es möglich, auch innere Eindrücke in einen objektiven Status zu erheben, so, wie man es erfährt, wenn man die vorliegende Methodik in Richtung dieser Tätigkeiten anwendet und zur Entfaltung bringt.

In der folgenden Tabelle sind im Aufgreifen dieser Zwölfer-Gliederung der menschlichen Sinnestätigkeit einige Verfahren zur Anwendung der Methode aufgeführt, die in bisherigen Forschungsanstrengungen zur differenzierten Beschreibung der Bildekräfteverhältnisse in Mensch und Natur eingeübt wurden. Eine genaue Beschreibung der praktischen Vorgehensweisen und eine ausführliche Diskussion auf dem jetzigen Stand der Erkenntnis ist in der Arbeit von Markus Buchmann* zu finden.

* Buchmann, Markus: *Wahrnehmen und Erkennen im Ätherischen. Methodische Grundlagen der Bildekräfteforschung* (Quelle: www.bildekraefte.de/literatur).

Die Wahrnehmungen der menschlichen Sinnesorgane als Ausgangspunkte für die Untersuchungen der Bildekräfte

	Menschliches Sinnesorgan	Tätigkeit	Bisher geprägte Begriffe im Forschungszusammenhang	Grad der methodischen Ausarbeitung der Anwendung (Stand Frühjahr 2010)	Grad der Häufigkeit bisheriger Anwendung im Forschungszusammenhang
1	Ich-Sinn	Meditation		Als «technische Seite» der Meditation gut ausgearbeitet	Vereinzelt
2	Gedankensinn	Meditation			Vereinzelt
3	Wortsinn	Meditation	«Wortmeditation»	Sehr gut ausgearbeitet	Sehr häufig
	Sehsinn	Allgemeine Wahrnehmung		Gut ausgearbeitet	Sehr häufig
4	Sehsinn	Allgemeine Wahrnehmung	«Kapillardynamolyse»	Gut ausgearbeitet	Sehr häufig
	Sehsinn	Allgemeine Wahrnehmung	«Glasbetrachtung»	Ausgearbeitet	Häufig
5	Wärmesinn	Ungezielte Wahrnehmung	«Handprobe»	Wenig ausgearbeitet	Vereinzelt
6	Hörsinn	Allgemeine Wahrnehmung		Nicht ausgearbeitet	Vereinzelt
7	Schmecksinn	Allgemeine Wahrnehmung		Nicht ausgearbeitet	Vereinzelt
8	Riechsinn	Allgemeine Wahrnehmung		Wenig ausgearbeitet	Vereinzelt
9	Gleichgewichtssinn				
10	Bewegungssinn	Innere Wahrnehmung	«DegustaB» (Degustation auf Bildekräfte)	Sehr gut ausgearbeitet	Sehr häufig
11	Lebenssinn				
12	Tastsinn	Ungezielte Wahrnehmung	«Handprobe»	Wenig ausgearbeitet	Selten

45.

Abschließend muss zum Charakter der imaginativen Wahrnehmung noch Folgendes erläutert werden:

Wenn Imaginationen rein auftreten (was sie oft nicht tun), dann ist die Bilderwelt der imaginativen Wahrnehmung eine rein beschreibende, rein darstellende, sie enthält keine erklärenden, erläuternden Elemente. Sie stellt die unterste Stufe der übersinnlichen Wahrnehmung dar, und ihr fehlt damit die Eigenschaft, die Einsicht und Erkenntnis in das Geschaute vermittelt. Das Auftreten von Einsicht und Erkenntnis in Zusammenhang mit imaginativen Bildern entspringt zwei von ihnen ganz unabhängigen Quellen. Die erste Quelle wird erarbeitet durch das menschliche Forschen in vielerlei Spielarten, was von naturwissenschaftlich geschultem, kombinatorischem Denken bis zur goetheanistisch geführten Anschauungsweise reicht. Die zweite Quelle ist die nächsthöhere Stufe des übersinnlichen Wahrnehmens, die Inspiration, in der das Begreifen, das Einsehen, das Erkennen (wenn auch nur in kleinsten Abschnitten oder Einheiten) selbst Inhalt der Wahrnehmung ist. Naturgemäß muss daher der Methode zur Erforschung der *Bildekräfte* in Natur und Mensch eine *Methode zur Erforschung der seelischen Seite in Natur und Mensch* folgen, die über die Schulung der Seelentätigkeit des Fühlens in die Ebene der Inspiration führt.

II.
Beobachtungen im Bildekräftebereich der Natur – eine Wegbeschreibung

Vorbemerkung

Gemäß dem Charakter dieses Buches als Werkstattbericht sei es erlaubt, zur Demonstration von Ergebnissen aus der Anwendung der Methodik auf einen sehr frühen Bericht zurückzugreifen. In diesem sind einige grundlegende Erfahrungsweisen in der Natur noch recht ausführlich beschrieben sind, die in späteren Untersuchungen so nicht mehr dargestellt wurden. Die Ergebnisberichte späterer Arbeiten wurden zunehmend sachlicher verfasst und setzten die beschriebenen ersten Erlebnismomente bereits voraus.

Wie zu ersehen ist, sind die methodischen Angaben in dem Erstlingsbericht auf das absolut Notwendigste beschränkt und müssen als inzwischen nicht mehr hinreichend angesehen werden. Das eben sollte mit dem vorhergehenden Teil I dieses Buches nachgeholt werden.

Zu der Aktualität der Forschungsergebnisse dieses Berichtes muss noch einiges angemerkt werden:

Nach der Veröffentlichung dieses Artikels wurde der Autor nach und nach mit einer großen Anzahl verschiedener Weizensorten, -linien und -Zuchtstämmen bekannt. Der Weizen überraschte dabei mit einer Fülle innerer Gestaltungsmöglichkeiten im Lebendigen, die sich auch morphologisch-sichtbar in den Zuchtgärten biologisch-dynamisch arbeitender Getreidezüchter widerspiegelte. Eine Darstellung zum Thema Weizen müsste diese Vielfalt berücksichtigen, und entsprechende Arbeiten sind auch schon veröffentlicht. – Entsprechendes gilt für den Roggen, wobei da die Bandbreite der möglichen Variationen deutlich geringer ausfällt.

Es sollte überflüssig sein zu sagen, dass der Artikel einen bestimmten «jungen» Forschungsstand wiedergibt. Jede Beobachtung im Übersinnlichen kann nur als ein Anfangspunkt, ein Startpunkt für fast endlos erscheinende Vertiefungs- und Erweiterungmöglichkeiten genommen werden.

Betont muss noch werden, dass in dem Artikel mehr Beobachtungsinhalte wiedergegeben werden als mit der in diesem Buch beschriebenen Methodik allein zu erreichen ist. Das betrifft alle Aussagen, die sich auf Elementarwesen beziehen. Wie im Abschnitt 45 der Methodik in Teil I ausgeführt wurde, ist die natürliche Fortsetzung der Beobachtung im Ätherischen die Ausbildung einer Methodik zur Erforschung der seelischen Seite in Natur und Mensch. Dort erschließt sich auch die wesenhafte Seite der Natur. Die Aussage «mit dieser Methodik allein nicht zu erreichen» muss aber doch wieder relativiert werden in dem Sinne, dass der Mensch innerlich so veranlagt ist, dass bei intensiver und konsequenter Übung der beschriebenen Methodik eine Vertiefung der Wahrnehmungen in Richtung seelische Inhalte wie von allein auftreten kann und sich dann organisch einfügt.

1. Schulung und Erfahrung

Um in den Bereich der Lebenskräfte, der ätherischen Bildekräfte in der uns umgebenden Natur beobachtend vordringen zu können, ist eine Erweiterung des Beobachtungsvermögens über das sinnliche Wahrnehmen hinaus nötig. Die zu erwerbenden Beobachtungsorgane sind lebendiger und seelischer Natur. Zur Handhabung dieser Organe, d.h. zur Gestaltung der inneren leiblichen, lebendigen und seelischen Verhältnisse während des Beobachtens, ist ein geistiger Teil, ein Maß an Ich-Stärke nötig. Diese ist nicht zu verwechseln mit der Stärke der Persönlichkeit, die mehr seelischer Art ist. Sie erscheint eher als Hintergrundkraft unbedingten Strebens zu einem Ziel oder bildet sich als Durchhaltekraft in scheinbar ausweglosen biografischen Krisen.

Bedingungen

Die Beobachtungsorgane bildet man sich durch fortwährendes Üben aus. Über die Art dieser Übungen hat Rudolf Steiner öfters gesprochen, und über ihre Bedingungen ist in den letzten Jahren oft geschrieben worden.* Das Gebiet ist unerschöpflich. Es soll daher im Folgenden nur eine Art Übersicht von dem ausgeführt werden, was dem Autor als unentbehrlich vor Augen steht:

Im *Kopfbereich* ist es nötig, den Denkbewegungen gegenüber als «Dompteur» auftreten zu können. Einerseits muss man in der Lage sein, erfahrungsmäßig weit entfernt liegende Vorstellungsinhalte sinnvoll und anschaulich nebeneinanderzu-

* U.a. Hardorp, Detlef, in: *Das Goetheanum* Nr. 5/1996; Suter-Schaltenbrand, Ernst, in: *Das Goetheanum* Nr. 15/1996, Nr. 27/1996, Nr. 42/1997, Nr. 27/1997; Begeer-Klare, Eva-Maria, in: *Das Goetheanum* Nr. 35 bis 39/1996; Wiesberger, Hella, in: *Das Goetheanum* Nr. 4/1997; Röschert, Günter, in: *Das Goetheanum* Nr. 10/1997. In diesen Aufsätzen sind die für das Thema wichtigsten Werke Rudolf Steiners angeführt. Ganz besonders soll noch auf das Meditationsgut der Freien Hochschule für Geisteswissenschaft hingewiesen werden, dessen Bedeutung Hella Wiesberger in ihrem Aufsatz herausstellt.

halten; andererseits – und das ist noch wichtiger – muss man alles bisher Aufgenommene, Gehörtes und Gelesenes, und alles Selbst-Gedachte völlig zum Schweigen und in den Hintergrund bringen können. Es soll aber nicht ganz verschwinden, sondern wie im Hinterkopf dem bewussten Zugriff wieder zugänglich sein; man kann sonst bei der Beobachtung das Erlebte und Erfahrene nicht festhalten. Es bleibt dann nur eine Erinnerung an ein schönes – oder auch nicht schönes – Erlebnis, aber ohne Inhalt.

Im *Brustbereich* ist es notwendig, zu erkennen, in welchem Korsett von Anti- und Sympathieregungen wir uns alltäglich bewegen. Die Unsummen von gewohnheitsmäßigen Beurteilungen des alltäglichen Lebens helfen uns zwar, diesen Alltag zu bewältigen; bei den angestrebten Beobachtungen dürfen aber zunächst keine und dann nur bewusst gewollte Regungen auftreten. Jede unkontrollierte seelische Regung bewegt sofort lebendige Ströme, Empfindungen und Gedankenbilder, und mühsames und kräfteraubendes Sortieren von «Was habe ich *beobachtet*?» und «Was habe ich mir *eingebildet*?» ist die Folge.

Im *Bereich der Gliedmaßen* ist es nötig, während der Zeiten des Beobachtens den Körper irgendwie und in irgendeiner Haltung zur Ruhe kommen zu lassen. Die körperlichen Regungen wie Atmung, Blutdruck oder Muskelspannung müssen *nicht* in einen völlig entspannten, schlafähnlichen Zustand gebracht werden, sondern nur in einen so ausgewogenen, dass man sie vergessen kann, dass sie einem «entfallen». Dazu wird es am Anfang wohl nötig sein, dass man eine einmal eingenommene Haltung nicht verändert.

Auch wenn die Wahrnehmungsfähigkeit für übersinnliche Kräfte anfänglich ausgebildet ist, gibt es noch eine Barriere zu überwinden, die verhindert, dass wir in der Natur noch etwas anderes wahrnehmen als nur das Sinnliche und unsere eigenen Gedanken und Gefühle. Diese Barriere liegt in einer tief bis in die Zehenspitzen hinein eingewurzelten, von traditioneller Naturwissenschaft überprägten Haltung,* die sich etwa so ausdrückt:

«Ich habe einen Leib. Da stecke ich drin. Ich denke im Kopf mir meine Gedanken und fühle mir in der Brust meine Gefühle. Der Leib mit seinen Sinnesorganen übermittelt mir vielfältige Eindrücke von der Außenwelt. Wie das Verwandeln von Sinneseindrücken in seelische Regungen sich vollzieht, ist mir nicht bekannt. Es wirkt eben so.»

Um in der Beobachtung übersinnlicher Bereiche voranzukommen, ist es sehr förderlich, wenn man folgende Haltung – ohne seine kritische Einstellung aufzugeben – zumindest für kurze Zeit für völlig selbstverständlich anschauen kann:

«Ich ‹stecke› in meinem Leib, habe Gedanken, Gefühle und Sinneswahrnehmungen. Vor mir da draußen steht ein Blumenstrauß mit gelben, roten und blauen Blüten. Die Blüten haben – der Strauß ist noch frisch – ein eigenes von mir unabhängiges Leben, sie blühen auf und entfalten sich nach bestimmten Formen und Farben. Zudem haben sie noch ein eigenes seelisches Leben um sich, sind davon durchdrungen. Die gelbe Blüte ist durchzogen von ‹hüpfend› strahliger Freude, die blaue von sich sehnender, in die Ferne ziehender Strebsamkeit, die rote von anmutiger, ballender Kraft. Das ist da um diese Blüten, und es freut sich, strebt und ballt sich immer noch, wenn ich den Raum verlassen habe und von dem Strauß nichts mehr wahrnehme. Ich kann mich erfreuen an den Blumen, weil die Freude da ‹draußen› und meine Freude in meinem Innern gleicher Art sind. Obwohl ich mit meinem Erfreuen völlig unabhängig bin und auch ein Bild aus meiner Erinnerung oder ein gemaltes Bild meine Freude anregen kann, ist doch die Freude

* Über die Allgegenwart naturwissenschaftlicher Vorstellungen im Leben des heutigen Menschen sprach Rudolf Steiner in einem Vortrag am 24. Dezember 1921 (in GA 303).

darüber die tiefste, dass da draußen um die Blüten etwas lebt und sich regt, was in meinem Innern sich ebenso regt und lebt.»

Die vollständige Anerkennung dieses Sachverhalts hat gleich zwei niederschmetternde Einsichten zur Folge: Einerseits sehen wir auf uns Menschen eine noch nicht erfahrene, also noch unüberschaubare Fülle von Verantwortungen gegenüber den lebendigen und seelischen Regungen in der Natur zukommen, denn deren Wahrnehmung lässt sich nicht so leicht ignorieren wie einfache Sinnestatsachen. Andererseits wird uns Menschen deutlich, wie in der Natur alles lebendige Bewegen und seelische Regen, was in uns selbst in ein ständiges, uns bedrohendes Chaos getaucht ist, dort ungleich viel wohlgeformter, friedlicher, geordneter und nicht zuletzt effektiver und wirkungsvoller vonstatten geht, einschließlich des Vorgangs des Denkens, auf den wir ja als unser alleiniges Eigentum so stolz sind. Das ist demütigend und für das heutige, hochgezüchtete Selbstwertgefühl des Menschen ein harter Schlag, der verkraftet werden muss.* Eben da regen sich Widerstände aus dem Bereich des Willens, die man vielleicht bisher noch nicht einmal vermutet hätte.

Hat man sich einen Weg so gebahnt, dass man sich einige Übungen ausgewählt hat und tatsächlich auch mit etwas Kontinuität übt, und kann man sich mit der zuletzt genannten Haltung anfreunden, so ist es immer noch gut möglich und auch wahrscheinlich, dass, sofern man der Natur mit dem Wunsch nach tieferer Beobachtung gegenübertritt, man einfach nicht weiß, wo anzufangen ist, keinen rechten Angelpunkt findet und

* Für das Selbstwertgefühl des heutigen Menschen spielt die Technik eine große Rolle. Felicitas Vogt prägte für den Zustand des in die Technik eingesponnenen und dadurch veränderten Menschen den äußerst treffenden Begriff des «technischen Autismus». Noch schneller aber als untereinander werden die Menschen der Natur gegenüber zum «technischen Autisten»! Siehe: F. Vogt in: *Das Goetheanum* Nr. 16/1997.

verdrossen wieder aufgibt. Der Autor möchte hier aus seinen eigenen Beobachtungsbemühungen heraus einige ganz praktische Hinweise geben.

Ob eine Erfahrung im Bereich des Lebendigen stattfindet oder nicht, hängt sehr davon ab, wie viele lebendige Kräfte tatsächlich im Augenblick des Bemühens da sind, einerseits beim Beobachter, andererseits in der Natur. Der Beobachter muss ein Mittelmaß finden zwischen zu wenig und zu viel eigenen Lebenskräften, die sich ihm als gesundheitliches Empfinden, als Wohlbefinden kundtun. Sind seine Kräfte zu schwach, zum Beispiel durch Erschöpfung, Müdigkeit oder durch «Austrocknung» nach einseitiger Kopfarbeit oder nach längerem Aufenthalt in von elektrischen Wirkungen überfrachteten Räumen, so fließen die lebendigen Ströme, die wir eigentlich ins Erleben bringen wollen, an unserem Bewusstsein vorbei und helfen uns nur, unseren Körper zu regenerieren. Springen wir morgens «kräftestrotzend» aus dem Bett mit dem Gefühl, heute einmal «Bäume ausreißen» zu können, werden wir nur unsere eigene Lebendigkeit wahrnehmen können.

Sosehr eine üppige Lebendigkeit unseres eigenen Leibes unsere Beobachtungen behindern wird, so förderlich ist eine solche bei der zu betrachtenden Natur.

Es gibt in der uns umgebenden Natur immer wieder Stellen, an der die eine oder andere Pflanze oder Pflanzengruppe besonders kraftvoll, besonders durchgestaltet, besonders, man möchte sagen: gut gelungen dasteht. Es ist fast so, als möchte dieses Wesen oder diese Wesensgruppe – es kann auch ein moosbewachsener Felsen, ein Rinnsal oder ein Wolkenzug sein – über sich hinauswachsen und sich uns mitteilen. *Wenn sich dann an der erstaunten Empfindung: «Dort west doch etwas, was ist das bloß?» unser feuriges Interesse entzünden kann, aber gedanken- und vorurteilsfrei und zudem in einer besonnenen Ruhe verbleibend, dann sind die besten Voraussetzungen gegeben, die Mauer* *zu durchbrechen, hinter der sich auch die lebendigen und seelischen Kräfte der Natur vor uns verbergen.** Man spinnt dann einen Faden aus reiner Aufmerksamkeit zu dem anderen Wesen, und entlang dieses Fadens oder Pfads kann sich das andere Wesen uns mitteilen. Es fließen dann die Kräfte des anderen Wesens auf uns Betrachter über, und dieses Ineinanderfließen der Lebendigkeit und Seelenhaftigkeiten ist die Grundlage für unser Wahrnehmen.

Beobachtungen

Worauf treffen wir nun, einer Pflanze zugewandt, in der beschriebenen Weise vorbereitet und mit etwas Glück, was die äußeren Bedingungen angeht? – *Auf Bewegung!* Dort um die Pflanze herum rührt sich etwas. Natürlich nicht ein Pflanzenteil, auch kein Insekt, überhaupt nichts Physisches, Begrenztes, Verdichtetes, Materielles. Nein, die Umgebung der Pflanze ist von Bewegungen durchzogen.

Dieser erste Eindruck ist nur vergleichbar mit einem Luftzug, einem Windhauch: Wir sehen ihn nicht, empfinden ihn nur (mit anderen Sinnesorganen), und er ist ungemein flüchtig. So auch die Bewegungen um die Pflanze: zart, flüchtig, kaum zu bemerken, kurz vollzogen und schon wieder vorbei, vielleicht abgelöst von anderen Bewegungen, die ebensowenig deutlich sind – alles kaum greifbar. Wenn man jetzt nicht im Hintergrund seines Denkraumes** seine wachen Gedanken bereit hat, die diesen so unbedeutenden, so zarten, flüchtigen und

* Es zeigt sich bisweilen, dass diese Bedingungen durch Zufall öfters zustande kommen als zielgerichtet herbeigeführt. Nur muss man diese Momente zu schätzen wissen und entschlossen genug nutzen.

** Gemeint ist der ätherische Denkraum, nicht die Gehirnschale. Die Entdeckung des eigenen Denkraumes ist sozusagen eine Nebenwirkung der Beobachtungsbemühungen.

auch fremden Eindrücken ihre wahre Bedeutung zumessen und zu halten verstehen, dann wendet man sich wieder von ihnen ab, zurück zu den kräftigen Sinneseindrücken, die man so wohltuend angenehm gewöhnt ist, und bemerkt dieses Abwenden vielleicht noch nicht einmal.

Können aber unsere Gedanken der Beobachtung die rechte Bedeutung zumessen und uns zu weiterer Anstrengung und Durchhaltebemühungen befeuern – denn davon hängt der Fortschritt an dieser Stelle ab –, dann können wir durch wiederholte Hinwendung zur Pflanze, durch gesteigerte Konzentration einige genauere Eindrücke der Bewegungen erhalten. Es zeigt sich zunächst, dass die Bewegungen sich in der Beobachtung wiederholen. Dabei durchlaufen sie eine bestimmte Form. Dazu kommen weitere Eindrücke: *Die Bewegungen haben Kraft. Sie haben gezielte, gerichtete, formende Kraft.*

Sehen wir einen Vogel durch die Luft fliegen, wissen wir so gut wie nichts von den physikalisch-dynamischen Wechselwirkungen zwischen Flügel und Luft. Das können wir uns nur erschließen durch Erfahrungen mit Sturm und Wind am eigenen Körper oder mit angefertigten Modellen wissenschaftlich denkend uns erarbeiten. Aber direkte Wahrnehmung haben wir keine, ebensowenig wie wir die Kräfteverhältnisse in der Statik eines Baumes oder Hauses wahrnehmen können.

Das ist bei der Wahrnehmung lebendiger Kräfte ganz anders. Jede Bewegung nehmen wir unmittelbar wahr als kraftgeladen, wir erleben ihr «Schaffen», so seltsam es klingt, ihr «Fleißig-Sein». Es sind demgegenüber die Kräfte des Physischen – sei es ein noch so gewaltiger Stoß im Bereich der Physik, eine noch so effektvolle chemische Reaktion, eine noch so kunstvoll kombinierte Kette von elektrischen Impulsen im Bereiche der Technik – etwas außerordentlich Stumpfes, Taubes und Monotones. Das Kraftvolle in den lebendigen Strömen ist zunächst kaum, bei Vertiefung der Beobachtung immer stärker wahrzunehmen und kann bei intensiver Zuwendung so eindrücklich werden, dass man sich vor einer zu starken Beeinflussung der eigenen Lebenskräfte schützen muss.

Ein weiterer Eindruck ergibt sich so: Die kraftenden, formenden Bewegungen haben einen Charakter, einen für jede Bewegung typischen Charakter. Anders formuliert: Der Charakter einer Bewegung setzt sich zusammen aus seiner Bewegungsform und seiner «Stimmung», in die diese Bewegung getaucht ist. Beides zusammen könnte man als «Geste» bezeichnen. Auf der folgenden Seite seien einige Beispiele gegeben.

Die Bewegungsformen sind oft leicht zu erkennen und zu übermitteln, die Stimmungen sind – wie die Beispiele schon zeigen – nicht leicht zu benennen und auch in der Beobachtung bisweilen sehr schwer zu ergründen. Hier zeigt sich sehr schnell die extreme Beschränktheit des menschlichen Fassungsvermögens für solche Erfahrungen. Nur durch oft wiederholte Zuwendung und liebevolle Hingabe bilden sich beim Beobachter neue Haltungsformen aus, mit denen er die vielen ungewohnten Charaktere aufnehmen und begreifen kann.

Einen ersten Schritt vollzieht der Beobachter, wenn er hinter der physischen Welt, im Verblassen der sinnlichen Eindrücke, die strömenden schaffenden Bildekräftebewegungen hereinwirken sieht. In dieser Welt kann er sich lange aufhalten, immer neue, immer kompliziertere Bildekräftekomplexe sich erarbeiten. Die erstaunlichsten Dinge wird er an den einfachsten Pflanzen erleben können, die verblüffendsten Querverbindungen und Übereinstimmungen wird man an weit entfernt liegenden Naturgegebenheiten finden.

Ein weiterer Schritt ist nötig, um von der Welt der Bildekräfte in die Welt der (Elementar-)Wesen zu gelangen. Durch weitere Vertiefung der Beobachtung, weitere Steigerung der Konzentration und Ausdauer erscheinen dann Wesenheiten. Einzelne oder wenige oder nicht zählbar viele Wesen sind in

Geste	*Form der Bewegung*	*Stimmung der Bewegung*
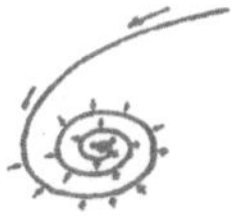	einrollende Bewegung	ballendes Zusammendrängen, etwas Vereinzeltes Schaffendes, individualisierend
	fließend-schwingende Bewegung	sanftmütiges, selbstloses Tragen, in die Welt tragend
	verzweigend aufblitzende Bewegung	gewinnendes Ergreifen, durchstrahlendes Erobern
	auf- und abströmende Bewegung	belebendes Durchdringen und Einhüllen, in Bewegung haltend
	aufstrebende, sich öffnende Bewegung	liebevoll Aufnehmendes und Bergen, Bewahren und Schützen von einem Aufgenommenen
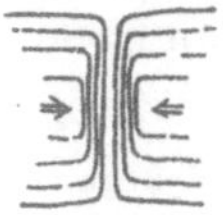	aufeinander zugehende Bewegung	zusammenschiebendes Drängen und Drücken, Verfestigung, Verdichten

Die scheinbare Vertrautheit einiger dieser Zeichnungen darf nicht zu dem Irrtum verleiten, man würde diese Formen so in der Beobachtung sehen. Es ist ganz anders: Man erlebt lebendige Kräfte in diese Formen hineinschaffend.

diesem Bewegen, Strömen, Kraften anwesend, wohnen da, bevölkern diese Kräftewelt. Wesen mit einem seelischen Kern – nicht mit einer veränderbaren, gestaltbaren Seele wie beim Menschen – leben und schaffen innerhalb der Bildekräfte. Die kraftende Seite der Bildekräfte und ihre seelische Durchwesung gehören zusammen wie die zwei Seiten einer Münze. Man kann sie so oder so herum anschauen. Doch ist die Wahrnehmungsart für die Kräfte eine andere als für die Wesen. Der Wechsel von der einen in die andere ist eine Art Umstülpen, Durchstoßen oder Hindurchgehen, jedenfalls ein diskontinuierlicher Übergang.

Begegnung mit Elementarwesen

Die Scharen von einfachen und überall auftretenden Elementarwesen spielen für das Verständnis der Bildekräfte einer Pflanze eine große Rolle. Denn so sicher man in den sich ausgestaltenden Formen der Bildekräfte die ungefähre physische Form der Pflanze erkennen kann, die Pflanze als «Stoffanfüllung» von Teilen dieser Formen begreifen kann, so unklar bleibt für die Beobachtung zunächst die Frage, wie die Bildekräfte mit dem sinnlich wahrnehmbaren Stoffgefüge in Berührung kommen. Denn taucht man in die Wahrnehmung der Bildekräfte ein, verliert man die sinnliche Pflanze zunächst völlig aus dem Bewusstsein, und im Lebendigen findet man keinen Hinweis auf einen Zusammenhang mit dem Physischen.

Man kann nun, den Zusammenhang suchend, wieder bei den Wahrnehmungsarten hin- und herwechseln, erlebt aber nur immer deutlicher, dass sich das Physische, sinnlich Wahrnehmbare durch Schwere, Dunkelheit und Passivität auszeichnet und die Bildekräfte sich als leicht, innerlich licht und mit unerschöpflicher Tatkraft ausgestattet erweisen. Das Verständnis, wie diese extrem polaren Kräftearten zusammenkommen, wird immer geringer, die Frage, welches Interesse die leichten, lichten Kräfte überhaupt haben könnten, sich mit den schweren, dunklen zu verbinden, immer offener.

In der Beobachtung (einer Pflanze) kann es so vor sich gehen: Man sucht in der elementarischen Welt Hinweise auf diesen Zusammenhang. Man erlebt eine Bildekraft nach der anderen, man geht ihren Verbindungen nach, es entwickelt sich langsam ein Bild, ein typisches Bild für diese oder jene Pflanzenart. Dann kommt keine weitere Kraft hinzu. Eine Leere entsteht. Auch bei intensiverer Anstrengung tut sich nichts. Erst nach einiger Zeit des Aushaltens dieser Leere regt sich etwas Neues: Ganz schwach zunächst erscheint etwas, was der eigenen Seele viel vertrauter ist als die fließenden Bildekäfte: Wesenheiten treten auf; und diese Wesenheiten arbeiten jetzt genau dort, wo vorher kein Zusammenhang zu sehen war.

So sehr verschieden diese Wesenheiten auch sein können, sie haben alle eine besondere Kraft, die man als «Strenge» bezeichnen könnte. Mit dieser «Strenge» sind sie den leichten und beweglichen Bildekräften überlegen und andererseits der (relativen) Starre der physischen Substanzen ähnlich. Dass diese Wesen damit die Möglichkeit haben, Bildekräfte und physische Substanzen zusammenzuhalten, ist dann leicht einzusehen.

Zwei Beispiele können die Arbeit der Elementarwesen beschreiben: Viele, aber vereinzelte Wesen sind neben den Leitungsbahnen in den Stämmen der Bäume zu finden. Sie ermöglichen dort durch ihre «Betreuung» das Auf- und Absteigen von Stoffen und Kräften, wobei die Bahnen in einem hellen Goldgelb leuchten. Andere Wesen, mehr zusammengedrängt, wirken von außen in das Pflanzenblatt hinein und sind bemüht, die Blattspreite auseinanderzutreiben, eine große Blattfläche zu schaffen, wobei andere Kräfte ihnen wiederum Grenzen setzen. Dieses Schaffen ist in ein Blau gehüllt.

Bevor nun die Bildekräfte einiger gut bekannter Pflanzen zur Darstellung kommen, sollen noch kurz einige allgemeine Dinge zur Tätigkeit des Beobachtens im Elementarischen angesprochen werden:

1. Die Reihenfolge: «sinnliche Wahrnehmung – einfache Bildekräfte – komplexe Bildekräftegefüge – einfache Elementarwesen – ‹höhere› Elementarwesen» hat sich dem Autor in seinen Beobachtungsbemühungen so ergeben. Es ist aber ganz sicher auch so, dass Menschen mit anderen Anlagen diesen Weg anders durchlaufen, zum Beispiel in umgekehrter Reihenfolge oder mittendrin ansetzend.
2. Das Wahrnehmen der Bildekräfte beruht ja darauf, dass der Beobachter ein Stück weit mit dem Wesen, welches er beobachtet, verschmilzt. Die starre Subjekt-Objekt-Trennung der physischen Welt ist ein Stück aufgehoben. Das ist einerseits beglückend, andererseits bringt es auch Schwierigkeiten. Unsere Ich-Kräfte sind noch sehr jung und gegenüber unseren seelischen und lebendigen Gegebenheiten sehr schwach. Wir fangen ja gerade erst an mit dieser Entwicklung. In der Subjekt-Objekt-Welt zu leben ist für uns ein Schutz, denn das Verdichtete, das Zusammengezogene der physischen Welt hält sich seiner Natur nach auf Abstand und bedrängt uns nicht allzusehr. In unserer Einsamkeit kann sich unser Ich langsam in uns einleben. Bildekräfte können wir nicht wahrnehmen, ohne von ihnen berührt zu werden, das heißt, sie beeinflussen uns, verändern uns. Das Ich in uns muss dem standhalten können, und die Grenzen dieses Standhaltevermögens wird man bald merken. Diese sollte man unbedingt respektieren und sich nicht mit aller Kraft in der «wunderschönen» Lebenskräftewelt verlieren wollen. Die physische Welt ist eine schmerzliche Welt, eine Welt des Leidens, aber sie ist für unsere Entwicklung eine gesunde.

3. Da die Bildekräfte uns beeinflussen und verändern, ist es unbedingt nötig – und man sollte sich richtiggehend dazu erziehen – zu bemerken, wo wir beobachten: draußen bei der Pflanze; bei den Kräften, die in uns einziehen; oder bei uns selber, die wir auf dieses Einziehen in einer ganz persönlichen Art reagieren. Obwohl die Grenzen im Elementarischen viel weniger scharf gezogen sind als im Physischen, kann man doch diese drei Beobachtungsschwerpunkte oder -orte oder auch -perspektiven unterscheiden, sie sich mit einiger Anstrengung auch aussuchen:
Am ersten «Beobachtungsort» nehmen wir das Bildekräftegefüge der Pflanze wahr.
Am zweiten können wir erleben, wie die Bildekräfte da draußen auf die Bildekräfte in unserem Leib treffen und dort anregend wirken. Es ist hier die wunderbare und überaus bedeutende Einsicht möglich, das das da draußen Wirkende mit dem, was in uns selber wirkt, völlig verwandt und gleichartig ist. Die Beobachtungen der Anregung ganz bestimmter Lebensprozesse im eigenen Lebensgefüge und der Bildeprozesse draußen in der Pflanze befruchten sich gegenseitig ganz außerordentlich.
Aber die Voraussetzung dazu ist, dass man am dritten «Beobachtungsort» die inneren Anregungen von seinen persönlichen Reaktionen auf diese Anregungen unterscheiden kann. Denn die eigene Seele ist sozusagen die eigenen normalen Bildekräftebewegungen im Leib gewöhnt und wird die eine oder andere äußere Anregung mit – teilweise heftigen – Sympathie- oder Antipathieregungen «kommentieren». Ist man nicht wach genug, versinkt hier alles Beobachten in Subjektivismus.

2. Entstehung der Bilder

Die Bilder, die jetzt als Ergebnis mehrjähriger Beobachtungsbemühungen dargestellt werden, brauchen in mehrerer Hinsicht eine Erläuterung. Zunächst kurz eine Erläuterung zu der Frage: Warum überhaupt Bilder?

Wenn der Beobachtende zum ersten Mal deutliche Eindrücke aus der ätherischen Welt empfängt, wird ihm schlagartig klar: Das hat nichts zu tun mit dem, worüber wir tagtäglich mit ungezählten Worten reden und uns ebenso ungezählte Gedanken machen. Man möchte die Luft anhalten: Da ist etwas, für das keines der vielen Worte passt, in das kein einziger gewohnter Gedanke greift, eine völlig neue Welt – unbeschreibbar. Und es beginnt etwas im Seelisch-Geistigen des Beobachters, was man im Leiblichen als «hilfloses Rudern» bezeichnen würde.

Nach jeder erfolgreichen Beobachtung wird ihm der Wunsch dringlicher: Man will sich mitteilen! Aber wie? Es wird ihm bewusst: Jedes Wort, jeder Begriff, den du verwendest, ist schon belegt, belegt mit irgendetwas aus der gewöhnlichen Gegenstandswelt. Du müsstest neue Worte erfinden, aber die versteht niemand. Selbst der Begriff «ätherisch» nützt dir jetzt nichts, denn du weißt ja aus eigener Erfahrung, dass bei diesem Begriff nur die selbst gefertigten Vorstellungen zusammenfließen, die du dir in Ermangelung wirklicher Erfahrung zurechtgelegt hast. – Diese Not ist nicht zu unterschätzen.

Man beginnt sich umzusehen nach Mitteln, die im Bereich der eigenen Möglichkeiten liegen und das Wahrgenommene einigermaßen dem Erleben entsprechend ausdrücken können.

Ein Mittel findet sich darin, Worte mit viel Geschick so zu setzen, dass das Eigentliche zwischen den Zeilen zu erkennen ist, ein Weiteres darin, Bilder zu zeichnen oder zu malen. Und ein Drittes findet sich, darin, die Gesten durch Bewegungen mit den Gliedmaßen und dem ganzen Körper auszudrücken und die zugehörige Stimmung durch Mimik oder Haltung zu verdeutlichen.

Dem Autor erscheint das Letztere als sehr angemessen und am besten geeignet. Aber aus rein technischen Gründen würden nicht viele Menschen damit zu erreichen sein. Das Mittel der «vielen Worte» erscheint ihm dagegen durch zu häufige Anwendung für die allerverschiedensten Absichten und Zwecke als zu verbraucht, als zu abgenutzt in unserer Zeit. Überhaupt erscheint ihm die Zeit des reinen Wortes als ablösungsbedürftig durch eine Zeit des Wortes im Zusammenhang mit dem Bild – der Imagination! Das massenhafte Auftreten von «synthetischen» Bildern auf technischen Bildschirmen trifft ja auf ein wirkliches Bedürfnis des Menschen heute. So hat sich der Autor für das Bild im Zusammenhang mit dem erklärenden Wort entschieden.

Die nächste Frage ist: Was zeigen die Bilder eigentlich? Sie zeigen eine Auswahl von Bildekräften, die um die Pflanze herum wirken.

Beim Zeichnen der Bilder gibt es zwei Probleme zu lösen, die zu einer solchen Auswahl führen. Das erste besteht darin, die Menge von Eindrücken zu bewältigen, die dem Beobachter bei wiederholter und immer intensiverer Betrachtung begegnen. Die Bildekräfte erscheinen nicht alle auf einmal und auch nicht sozusagen «fertig». Man erwischt vielleicht eine Kraft an einem Zipfel und muss sich erst durch Konzentration die ganze Dimension dieser Kraft erschließen: welche Bewegungen dazu gehören, aus welcher Richtung und Schichtung sie kommen und in welche Richtung und Schichtung sie führen, welche «Weite» diese Kraft hat und welche ihre gesamte zugrunde liegende Stimmung ist. Erst wenn man damit zu einem vorläufig befriedigenden Ergebnis gekommen ist, wird man gewahr, dass hinter dieser Kraft eine neue sich erschließen lässt, während die erste wieder verschwindet. Es ist so, als durchwandere man einen (nicht dreidimensionalen) Raum und begegne dort einer Bildekraft nach der anderen, obwohl der physische Raum – der Standort der Pflanze – immer gleich bleibt und sich tatsächlich auch alles um diese Pflanze abspielt, wenn auch weit in ihre Umgebung hinausgreifend.

Die gezeichneten Bilder nehmen sich nun aus wie eine Auswahl dieser Kräfte auf eine Ebene zusammengeschoben und gezeichnet. Man muss eine Auswahl treffen, damit dieses Zusammenpressen, dieses Übereinanderschichten nicht ein völlig unüberschaubares, ja völlig undurchdringliches Bild ergibt.

Das zweite Problem entsteht, sobald sich der Wunsch regt, diese Vielfalt von Lebendigkeiten zu verstehen. Diese Vielfalt übertrifft die Menge der sinnlich wahrnehmbaren Tatsachen bei Weitem. Wie findet man sich dabei zurecht?

Es erscheint als sinnvoll, drei – nur schwerpunktmäßig anzunehmende – Gruppen von Bildekräften zu unterscheiden:

Die erste bildet genau die besondere Pflanze aus, die vor uns steht. Diese sind schon bei verschiedenen Sorten Kopfsalat, obwohl diese, taxonomisch gesehen, bis zu den Subspezies herunter gleich sind, sehr verschieden.

Die zweite bildet mehr den allgemeinen Teil der Pflanze – den Korbblütler beim Salat, das Süßgrasartige beim Getreide.

Die dritte bildet alles Grundlegende einer Pflanze: das Grün, die Blattspreite, die Verzweigung von Spross oder Wurzel, das Eindringen der Wurzelspitze in das Erdreich.*

Diese Unterteilung erscheint sinnvoll, weil es beim Bildekräfte-Beobachtenden anders zugeht als beim sinnenfälligen Beobachten. Bei Letzterem gehe ich beispielsweise auf einen Feldrand zu und sehe dort von Weitem grüne Pflanzen stehen und blühen – das ist das Grundlegende. Komme ich näher, erkenne

* «Substanz», «Gestalt» und «Tätigkeit» werden hier bewusst gleichgestellt.

ich Lippenblütler – das Allgemeine. Sehe ich mir die Blüte genau an, erkenne ich an den zwei Hörnchen auf der rechteckigen Unterlippe: gemeiner Hohlzahn – die einzelne, besondere Pflanze. Nähert man sich den Bildekräften einer Pflanze zuerst ganz unbefangen und konzentriert man dann seinen Blick mehr und mehr auf bestimmte Einzelheiten, erfährt man die drei Gruppen in der weiter oben beschriebenen Reihenfolge, das heißt genau umgekehrt: die ganz spezielle Pflanze – das Allgemeine – das Grundlegende.

In den folgenden Bildern sind nun nur die Kräfte vertreten, die zur ersten Gruppe gehören, die die ganz besondere Pflanze auszeichnen. Die Auswahl ist also einmal eine mengenmäßige, sodass die Bilder erfassbar, überschaubar bleiben, und eine qualitative, so dass nur die Kräfte festgehalten sind, die dem unbefangenen, nicht zielgerichteten Beobachten zuerst entgegentreten. Das bewirkt, dass in den Bildern die physische Pflanze mit ihren botanisch-taxonomischen Details zunächst gar nicht in Erscheinung tritt. Dafür erscheint umso mehr das Kräftewirken, das auch für die weite Umgebung der Pflanze eine Rolle spielt, wie noch zu zeigen ist. Zum besseren Verständnis und zur leichteren Beschreibung sind die Gesten in einzelne Schrittfolgen aufgefächert. Die Schrittfolgen zeigen nacheinander in einem Fluss, was die verschiedenen sich durchdringenden Gesten gleichzeitig offenbaren.

Der Weizen

Triticum aestivum L., Saatweizen. Die hier beschriebenen Bildekräfte erscheinen in der Zeit zwischen dem 3-Blatt-Stadium und der Gelbreife. Davor und danach erscheinen andere Kräfte, wieder andere unmittelbar nach der Aussaat und wieder andere am Korn selbst.

Zwei Kräfteströme ziehen von den seitlichen Weiten heran und verdichten, ballen sich in Spiralen.

Sie teilen eine wellende, schwingend-tragende Schicht auseinander. Diese ist die lebendige Seite der am und im Boden befindlichen Feuchtigkeit, des Boden- und Grundwassers.

Entlang dieser Formen wachsen die Blattflächen heraus. (Die Gegenständigkeit ist eine Idealisierung, entsprechend der zweizeiligen Wechselständigkeit könnten die Spiralen auch versetzt gezeichnet erscheinen.)

schwarz-blau

Unterhalb und seitlich der Blätter erscheint eine wesenhafte Kraft, die wie eine starke Aufforderung wirkt, hinunter in eine dunkle Tiefe zu folgen, hinunterzusinken in die darunter ausgebreiteten, weiten wässrigen, kühlen und lichtlosen Schichten. Wie eine fragende Einladung ist die Stimmung, aber mit der Kraft eines starken Sogs.

gold-gelb

Über den Blättern strömt eine Kraft gleich warm-gelb leuchtender Bänder herein und sammelt sich, rollt sich ballartig ein. Aus der ganzen Art dieser Kraft spricht der Charakter von Sonnenartigem. Sonnenwärme, «Sonnengold» sammelt sich da in kleinen Bällen.

innen: weiß – in der Mitte gelb,
außen: hellgrün – Kreise: gelb

Das «Sonnengold» verschwindet in der Pflanze. Im Wurzelbereich erscheint eine wieder stark wesenhafte Kraft, ein Wesen, das in rhythmischen Schwingen das geballte Sonnengold nach der einen und dann wieder nach der anderen Seite hin abgibt, fortschiebt, verteilt.

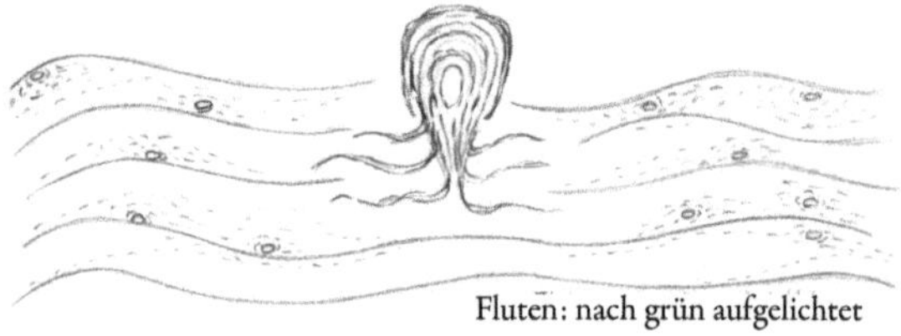

Fluten: nach grün aufgelichtet

Das «Sonnengold» verteilt sich und erwärmt die dunklen, kalten, wässrigen Schichten.

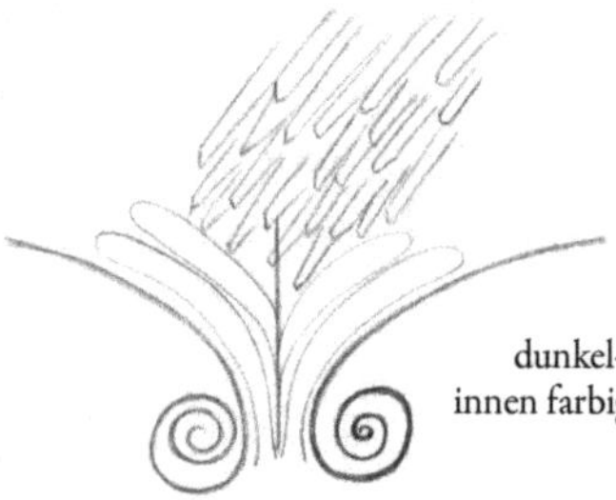

dunkel-violett;
innen farbig glimmend

Über den Blättern erscheint schräg einfallend Sonnenlicht. Dieses Sonnenlicht bildet aber nicht dünne, lange, helle und erwärmende Lichtstrahlen, wie man es aus dem sinnlichen Bereich gewohnt ist,* sondern ist dunkel, parzelliert und von enormer Festigkeit. Es ist, als würden lauter kleine längliche, aus dem Innern schwach bunt leuchtende Kristallstücke herunterregnen, in den Proportionen etwa von kleinen Turmalinkristallen.** In diesem Sonnenlicht liegt die Kraft, kristallartige Formen, Festigkeit zu schaffen und darin Lebensregungen zu erhalten.

Man erkennt hier (im letzten Bild) Gestalt und Art der Zellen des Leitungsgewebes in den Stängeln und Stämmen der Pflanzen, ebenso wie der Palisadenzellen des Blattgewebes. Was in den Zellen stofflich verfestigt ausgestaltet ist, zieht hier als reine Kraftgestalt, als Formvermögen herein. Dieses Sonnenlicht, dunkel und kristallartig, aber voller Lebenskraft, gestaltet wesentliche Teile der Pflanze: alle Leitungsbahnen, das längliche Stützungsgewebe und die lichtsammelnden Säulenzellen der Blätter. Man hat hier also im Sonnenlicht eine Kraft, die tief in die Gestaltung der Pflanze hereinwirkt, ja sie ganz grundsätzlich nach ihrer Art formt: Eine Pflanze ohne die so geformten Gewebe ist keine Pflanze.

Das ist bei den vorher beschriebenen Kräften viel eingeschränkter der Fall. Auch wenn sich der Autor sicher ist, dass jede dieser Kräfte in irgendeiner Art in der Anatomie, im Chemismus oder in den Bewegungen der Pflanzen ihren Niederschlag findet,*** so ist es doch ganz offensichtlich, dass dies in einem sehr

* Wobei diese Eigenschaften nur an stofflichen Dingen auftreten. Reines Sonnenlicht ist unsichtbar und hat auch sonst keine direkten sinnlichen Eigenschaften.

** Die Turmaline mit den gemeinten Proportionen liegen auf Mineralienbörsen bergeweise zum Verkauf nach Gewicht bereit.

*** Sehr viel stärker gestaltbildend greift zum Beispiel die als erste beschriebene Kraft des Weizenfeldes in die Blattgestalt der *Sonchus*-Arten ein (Gänsedistel): *S. asper*, *S. oleraceus* und *S. arvensis* mit ihren Bastarden haben am Blattgrund an den Stängel angedrückte, sogenannte Öhrchen.

viel geringeren Maß der Fall ist als bei den Wirkungen des Sonnenlichtes. Diese Kräfte entfalten im Übrigen um die Pflanze herum ein ganz eigenes, wohlgeordnetes und sinnvolles Leben. Dieses Leben wird umso stärker, je kräftiger die Pflanze – oder die Pflanzengruppe – heranwächst, und füllt ihre ganze nähere Umgebung aus.

Es erscheint dieses Lebensfeld als die eigentliche Pflanze und die physische Pflanze als ihre besondere Leistung, als ein Teil ihrer Wirksamkeit. Aus diesem Lebensfelde ist über die Art der Pflanze, über ihren Charakter und ihr Leben Wesentlicheres zu erfahren als aus den Merkmalen der physischen Gestalt. Wenn auch aus der Letzteren durch sehr genaues, umfassendes und unbefangenes Studieren die Ideen herausgeholt werden können, die ihr Leben zutreffend beschreiben, so liegen eben diese Ideen in dem Lebensfeld wie selbst schaffend vor. Es ist ein Unterschied, ob man das Spreiten eines Blattes als Idee herausarbeitet oder ob man das Spreiten selbst erlebt.

In dieses Lebensfeld, wie es eben beschrieben wurde, tritt gegen Ende des Wachstums, etwa zur Milchreife, eine Kraft ein, die sich von den übrigen dadurch unterscheidet, dass sie unmittelbar mit keinem Teil der Pflanze zu tun hat, mittelbar aber – über die anderen Kräfte – mit allen zugleich.

Es bildet sich ein Kranz aus feinen Strahlen, der aus vier kreuzgegenständigen Richtungen andere Strahlen heranzieht und sich dabei dreht. Dieses Kraftgebilde schwebt zwischen oder in dem Weben der anderen Kräfte wie ein Symbol oder Ideal als etwas übergeordnet Richtungsweisendes von ehrfurchtgebietender, hoher, edler Art.

Der Weizen erweist sich so als eine Pflanze, die die Wärme der Sonne – es gibt vielerlei andere Arten von Wärme –, das «Sonnengold», aufsammelt, einsammelt und in die in und über dem Erdboden befindlichen Schichten von lebendiger Wässrigkeit, die im Wesentlichen kalt und dunkel sind, verteilt, verschenkt.

Der Roggen

Secale cereale L. Die Bildekräfte werden in denselben Stadien wie beim Weizen beschrieben.

Die Pflanze im Allgemeinen lebt in drei Welten. Nach unten dringen die Wurzeln in den Boden. Sie wurzelt im Mineralischen, und dessen Festigkeit begrenzt dort ihr Wachstum. Darüber lebt sie in ihrem eigentlichen Gebiet, dem bodenfeuchten durchlichteten Gebiet. In dieser vegetativ-lebendigen Schicht entfaltet sie entlang ihrem aufwärtsstrebenden Spross Blatt für Blatt. Um sich herum schafft sie im Stärker- und Größerwerden ihre eigene Lebenssphäre. Darüber stößt sie an eine andere Sphäre, die luftig-licht und stark seelisch ist. Da kann die Pflanze nicht hineinwachsen, der Spross wird gestaucht, wird zum Blütenboden, die Blätter werden bunt zur Blütenhülle, und statt Stärke, Zellulose und Holz werden Blütenstaub, Düfte und Nektar gebildet.

Die Grenze zwischen der mittleren und der oberen Schicht ist nicht genau festgelegt, jede Pflanze zieht diese Sphäre so an sich heran, wie sie es für ihr Blühen braucht. Wo diese zwei Sphären zusammentreffen, die belebte und die beseelte, vertragen sie sich nicht ohne weiteres. Eine Art ihres Zusammentreffens ist eine Art Gewitter, bei dem Seelisches in «geringer Menge» heruntergetragen wird in ruckartig zerteiltes Lebendiges.

Beim Roggen findet dieses Gewitter dauernd statt. In hellen, blitzartigen, aber geraden Strahlen trägt er etwas Seelisches hinab. (Abbildung auf folgender Seite links).

Die Strahlen werden eingehüllt, begleitet von einer hellen, luftig schwingenden Geste. (Abbildung auf folgender Seite rechts).

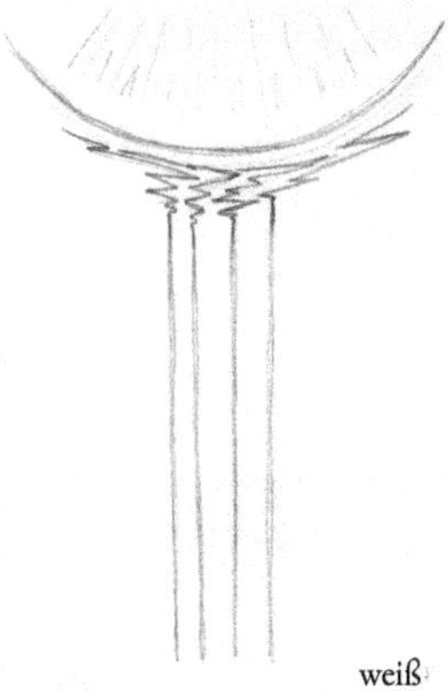

weiß

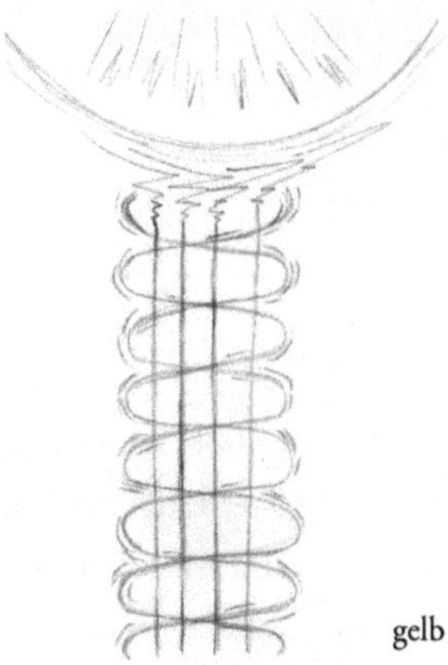

gelb

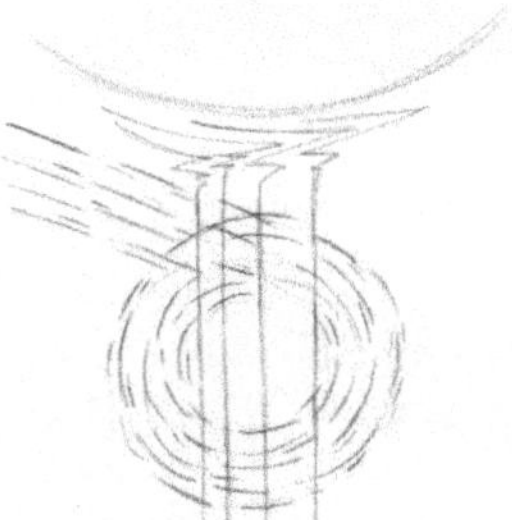

rot

In die herunterfahrenden hellen Strahlen mischt sich eine seitlich hereinfahrende Kraft, die mit viel Schwung ein luftartig wirbelndes Rund ausbildet.

Das Sonnenlicht, das beim Weizen in einem ruhigen Gleichmaß auf die Blätter trifft und einzieht, wird hier von dem Wirbel mitgenommen und in sich hereingezogen.

Zusammen mit den lichten Strahlen von oben ist das alles ein ganz und gar luftiges Weben ohne jede Tendenz zur Verdichtung oder Schwere, wie es zum Beispiel bei den wässrigen Strömen beim Weizen der Fall ist. Das ändert sich dadurch, dass aus den Weiten eine Kraft heranzieht, die mit schlagartiger, rhythmischer Kraft das ganze Gewebe herunterstößt, herunterdrückt in den mineralischen Bereich.

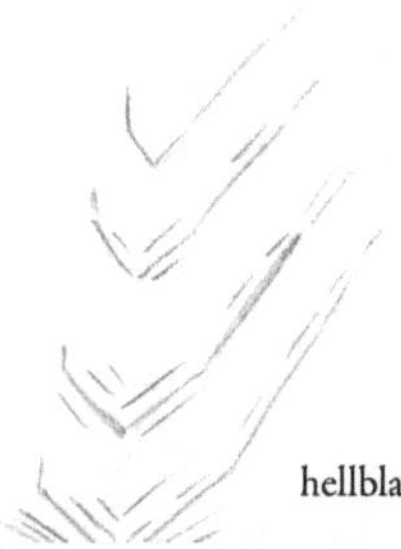

hellblau

Diese Kraft hat keine sichtbare Gestalt. Was auf vorigem Bild gezeichnet ist, ist ein rein bildnerischer Ausdruck. Ein anderer Versuch, sie darzustellen, könnte wie nebenstehendes Bild aussehen.

dunkelblau
innen:weiß

Durch dieses Herunterschlagen, Herunterkanten entstehen unterhalb der Erdoberfläche kleine luftige Gebilde, kleine «Behälter» aus Luftströmungen, die etwas von dem Seelischen mit sich tragen und die nach unten allseitig auseinanderstieben.

bunt
farblos

Sie treffen dort auf die Kristallsphäre in großen Tiefen. Dort werden sie von Wesenheiten, von Gnomen, die die Kristalle als zusammenhaltende Kräfte bevölkern, aufgenommen, «freudig» einverleibt, wie eine «Leibspeise» verzehrt.

Der Roggen erweist sich also als eine Pflanze, deren Leben die Kristallwelten mit Licht-Luftartigem aus höheren Sphären versorgt. – Beim Beobachten des Roggens tritt nun etwas Besonderes auf. Werden die Eindrücke, die der Beobachter aus dem übersinnlichen Bereich aufnimmt, stärker, werden neben dem Empfinden der Linienführung und der Stimmung auch andere Sinnesorgane angeregt. Zunächst werden die Empfindungen bildhafter, das heißt deutlicher, anschaubarer, und sie werden

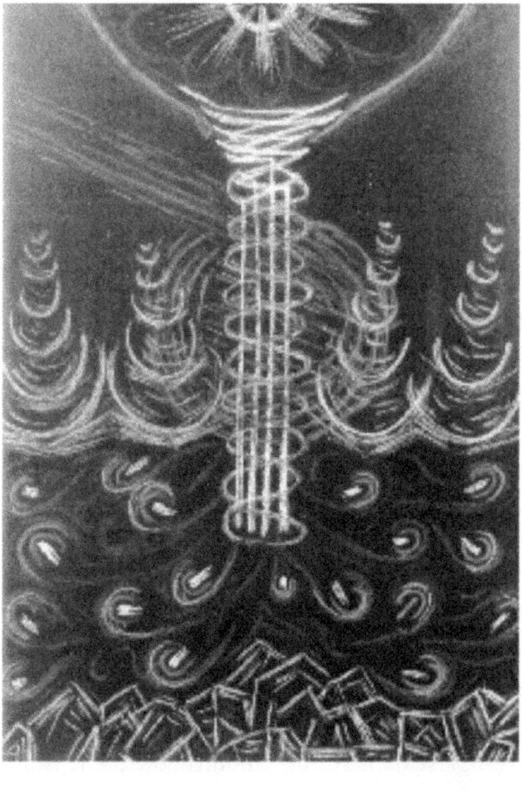

farbig. Beim Beobachten des Roggens kommt etwas Weiteres hinzu: Man beginnt, einige der Gesten zu hören. Die Geste des einrollenden Wirbels schwillt an zu einem mächtigen R, gewissermaßen ein «Rrrums, da bin ich!» Die herunterschlagende Bewegung wird dann zu einem klaren, echohaft wiederholten G: G G G ... wie die Maschinenhämmer einer alten Schmiede, deren Schlagtakt die ganze Halle zum Zittern bringt. Es ist ein ganz merkwürdiges Erlebnis, sich auf diese Weise in dem Namen «Roggen» wiederzufinden. Man fühlt sich dabei ganz von tätigen Lauten umgeben. Wie sich zeigen wird, ergeben sich auch bei anderen Pflanzennamen einzelne solcher Zusammenhänge.*

* Was bei Namen wie «Hirtentäschelkraut» oder «Studentenblume» nicht der Fall sein kann.

Die Fichte

Picea abies L. Karst., Gemeine Fichte, Rotfichte, Rottanne

Die folgenden Bildekräfteverhältnisse zeigen sich an großen Fichten mit weit herunterreichender Beastung, also an älteren freistehenden Individuen. Die bogenhaft bis in Menschennähe herunterhängenden Äste kreisen um den Stamm herum einen eigenen Raum ein, der sich kräftemäßig sehr von dem außen den ganzen Baum umgebenden und bis zur Kronenspitze hinaufreichenden stark unterscheidet.

Zweige: dunkelgrün
sonst: tiefblau

Nähert man sich der Fichte von außen, erlebt man in ihrem Umraum Klang: schwertönender Klang wie tiefer Glockenklang. Aber nicht wie im Sinnlichen eine sich gleichmäßig ausbreitende Luftschwingung, sondern eine klingende, gezielt sich bewegende Kraft. Diese tönende Kraft strömt entlang der herabhängenden Zweige bis zu deren unterem Ende und rollt sich dort ein. Das ist etwa ein bis drei Meter über dem Erdboden der Fall.

Genau darunter erhebt sich aus der Erde ein Strom heller, gelber und rötlicher Strahlen in einer bittenden und suchenden Geste und rollt sich mit den oberen Kräften ein. Es entsteht ein Wirbel aus zwei Kraftströmen: ein dunkler (tiefblauer), von oben herabstoßender, tönender – und ein heller, sanft strahlender, leuchtender, von unten herauf kommender.

Die Stimmung ist: Die als ungemein bedürftig erscheinenden Erdkräfte nehmen aus dem Fichtewirken klingende Formkräfte entgegen, die wie Anweisungen sind, wie es in der Erde zugehen soll, wie die Tiefen gestaltet werden sollen. Es erscheinen in dem von unten kommenden Strom Wesenheiten, die diesen stützen. Sie haben ungefähr dreieckige Formen und erinnern entfernt an das, was überliefertermaßen als «Zwerge» bezeichnet wird.

Die Fichte holt diesen Klang aus einer über ihr liegenden Sphäre, die nicht bis zum Erdboden herunterreicht. In dieser Sphäre ist nun nicht Klang zu hören, sondern von hohen Wesenheiten ausgehendes Sprechen, gestaltendes Sprechen. Das bringt die Fichte herunter und verwandelt es in einen für die Erde übersinnlich hörbaren Klang.

Dieses Verwandeln findet in einem lebendigen Feuer statt, das dauernd an der Spitze der Fichte brennt. Dort, wo die Zweige nach oben streben, sich sparrig in ausstrahlenden Richtungen verzweigen, wo von herabhängender Form noch nicht viel zu bemerken ist (etwa die oberen ein bis zwei Meter),* da brennt und leuchtet ein strahlendes Feuer. Durch dieses Feuer wird das von oben Aufgenommene heruntergebracht, eine Stufe erniedrigt und kann so, den herunterstreichenden Ästen folgend, abwärtsströmen.

Betritt man nun den inneren Raum, erlebt man zuerst den Stamm, der beide Räume miteinander verbindet. Im unteren Bereich des Stamms zieht von außen unter die Schuppen Wärme ein, eine ganz eigen gestaltete Wärme: Eine fein vibrierende Hitze, feine Hitzewellen ziehen ein und bilden entlang des Stammes in seinem Inneren eine Säule aus vibrierender Wärme, die einem starken Drang nach oben folgt. Eine reinweiß leuchtende, hitzige, in die Leichte hebende Säule ist wahrzunehmen, eine sich reckende, sich streckende lichte Säule, die doch fest am Boden beginnt und bei aller hochstrebenden Kraft doch nicht abhebt.

Dabei stellt sich als Stimmung etwas ein, was man draußen in der Natur eigentlich nicht erwartet: eine Ich-Empfindung. Das entwickelt sich weiter: Verweilt man mit der Aufmerksamkeit in

* Die Fichte variiert sehr stark in ihrer Erscheinungsform. Der bezeichnete Übergang ist oft fließend. Die beiden Prozesse durchdringen sich dementsprechend, wobei der Feuerprozess zur Erde hin immer weiter an die Spitze der Äste rückt, dort, wo die Triebe noch aufwärts zeigen.

der hellen Säule, verschwindet sie, wird durchsichtig und wird empfänglich für Klang, sie will hören! Es wird deutlich: Diese Säule, die selbst sehr fein vibriert, ist ein Klangwesen, ist ein Resonanzkörper, der Klang aufnehmen will, ihn durch sich durchleiten will.

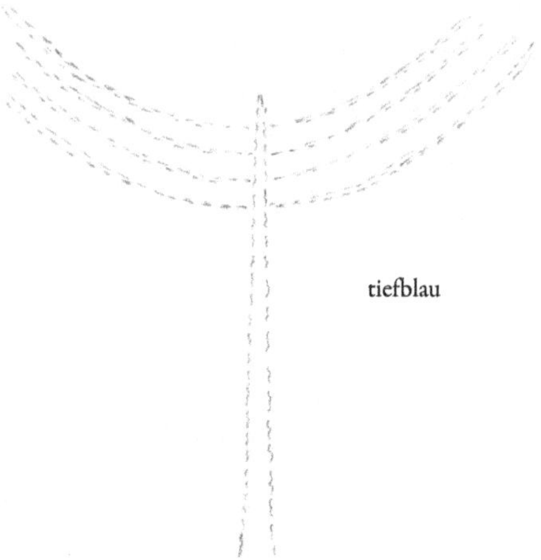

Dieses Suchen, Aufnehmen und Durchleiten-Wollen von Klang aus höheren Bereichen (anderen als den oben beschriebenen) zusammen mit der Ich-Empfindung verschmilzt zu einer neuen Empfindung: der von etwas Persönlichem, etwas Personenhaftem. Tatsächlich ergibt sich, lässt man diese Kräfte (zur Kontrolle) in sich einziehen und lenkt die Aufmerksamkeit auf sich selber,* folgende innere Haltung: Als wenn man um etwas gefragt wäre, wendet man sich von der Außenwelt ab, beginnt, sich auf sich selbst, auf sein eigenes Inneres zu besinnen und lauscht, was die eigene Seele – und nur sie – zu dieser Frage zu sagen hat, was aus ihr hervorquillt. Aus dem ganz persönlichen, inneren Seelenlauschen will man jetzt die Antwort erfahren. Die

* Zweiter Beobachtungsort, siehe einführenden Teil.

Bildekräfte, die diese Haltung im Beobachter gestalten, lassen draußen in der Natur das allgemein Nadelbaumstammartige zu einem Fichtenstamm werden.

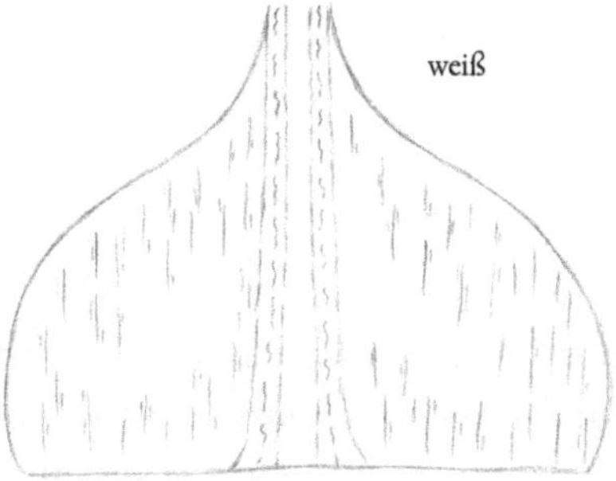

Die Ich-Empfindung durchdringt nun den ganzen inneren Raum, der durch die hängenden Zweige abgegrenzt ist. Als Bild erscheinen senkrechte Linien, die zwischen reinweiß strahlend und farblos durchsichtig wechseln.

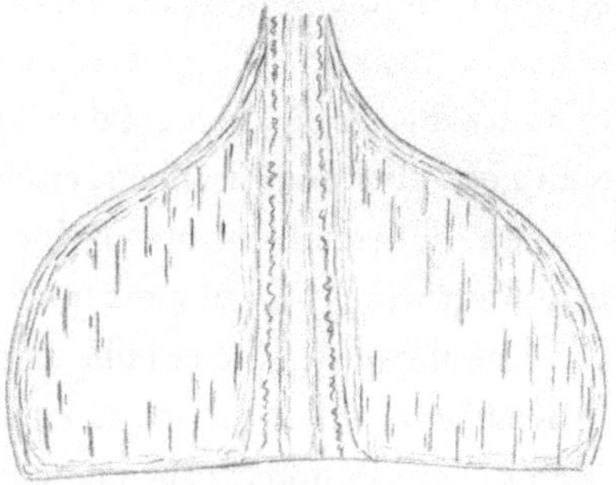

Ränder: rosa

In diesem Raum ist eine besondere Stimmung ausgebreitet: eine Herzlichkeit – eine Herzlichkeit, in die eine bestimmte Bestrebung eingebettet ist: die, durch Ernährung (mit elementarischen Kräften) andere Wesen zur Entfaltung kommen zu lassen. Dieser Raum ist erfüllt davon, durch Nähren und Versorgen andere Wesen in einer ganz und gar herzlichen Atmosphäre zur Entfaltung, zur Reife kommen zu lassen.

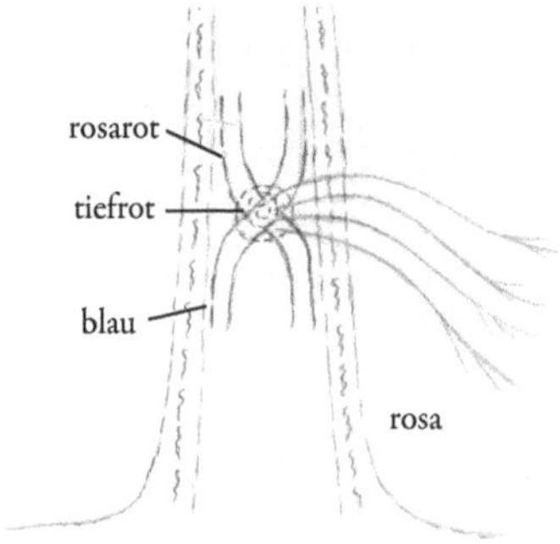

Diese gebende, nährende, verschenkende, aber auch behütende und schützende Herzlichkeit konzentriert sich (wie beim Weizen auch) in einer Art Symbol, einer Bildegeste, die direkt aus dem Stamm heraus kraftend erscheint und wie in nebenstehendem Bild gezeichnet geartet ist.

Von diesem Raum aus kann sich bei starker Konzentration der Blick ruckartig weiten auf die Wesen, die von dieser Kräftefülle, dieser herzlichen Kraftquelle versorgt werden. Überall, rundherum, auf dem Boden, in den Büschen, auf den Baumwipfeln, in der durchsonnten Luft, über dem Bachbett, erscheint eine große Gemeinschaft von (höheren Elementar-)Wesen, die von dem Fichte-Kraften versorgt wird. – Dazu muss noch Folgendes gesagt werden: Das Gewahrwerden dieser Fülle von Wesen gestaltet sich zu einer Kraftprobe selbst für den geübten Beobachter.* Denn so viel «Beobachtetes» und vor allen Dingen so viel Beobachtet-Werden ist schwer zu ertragen. Von allen Seiten wird man angeglotzt, angestaunt, aus tiefster durchdringender Fragehaltung angeschaut. Die eigene Seele liegt offen da, man erlebt sich selbst wie einen Naiven, ja einen Dummling. Das ist nicht leicht auszuhalten.

* Der Begriff «geübt» ist immer relativ. Von einer anderen Warte aus werden alle hier beschriebenen Beobachtungen ganz sicher als sehr anfängerhaft erscheinen.

Die Fichte erweist sich also als ein Baum, der Klangkräfte aus verschiedenen, hohen Bereichen herunterträgt: mehr durchseelte, ernährende für die sie umgebenden Elementarwesen, mehr formende, gestaltende für die Erdtiefen.

Der Sellerie

Apium graveolens L. var. rapaceum, Knollensellerie

Während der Weizen sich mit der Wärme der Sonne verbindet, der Roggen mit dem Licht-Luftartigen, die Fichte mit Klangartigem, greift der Sellerie noch eine Stufe tiefer in das Elementarkräftegeschehen ein.*

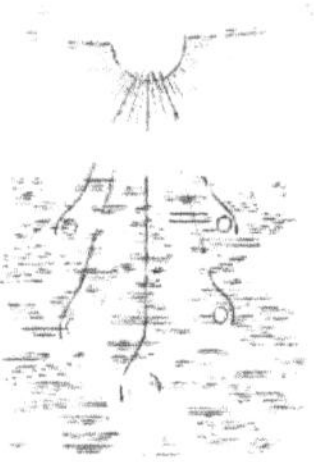

Sonne oben violett
Sonne unten gelb
Lichtraum weißgelb

In einem Gebiet, das über und über von Lichtstrahlen durchdrungen ist, tragen Kräfte, die von der Sonne kommen, einzelne Punkte oder Orte hinein.

Diese Orte beginnen, die Lichtstrahlen einzusaugen, zusammenzufassen und zu ordnen. Ein Liniengebilde entsteht.

* Auf den Zusammenhang mit der Stufenfolge der vier Ätherarten (Rudolf Steiner) soll hingewiesen werden: Wärmeäther, Lichtäther, chemischer oder Klangäther, Lebensäther.

Kräfte, die aus dem Bereich hinter der Sonne (einem überwiegend dunklen, Seelenkräfte beherbergenden Raum) kommen, legen sich spiralig um die Strahlenbündel, «raffen» und halten sie zusammen, so, wie man einen Armvoll Strohhalme zu einem festen Bündel zusammenbinden würde. Das entstandene Liniengebilde strömt einem zentralen Ort zu, in den es einfließt.

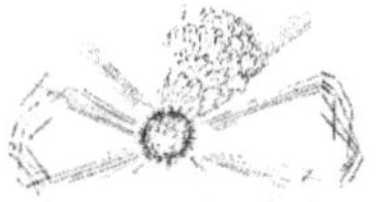

Liniengebilde oben weißgelb
Zentrum gelb
Lemniskate rosa
Wolke rot und weiß
Lilien unten tiefblau

Etwas Bedeutendes geschieht hier: Aus dem zentralen Ort, der von einer kantig geführten, aber doch rhythmisch schwingenden Bewegung getragen oder auch eingehüllt wird, schlägt eine Flammenglut hervor. Es befreit sich eine Wolke aus Hitze, die den Charakter eines Wesens trägt, die Wesenskraft ist.

Zentrum gelb
unten tiefblau

In der Folge erscheint unterhalb dieses Zentrums das Liniengebilde wieder, aber völlig verwandelt: in der Form gleich, aber wie erkaltet, völlig ruhig, alles Strahlend-Energetische verloren, kühl, klar, durchsichtig. Eine Kristallschale ist entstanden.

verschiedene Blautöne

Diese Kristallschale senkt sich in das Gebiet kühler Wässrigkeit ein, in der der Sellerie seine Wurzelknolle ausbildet.

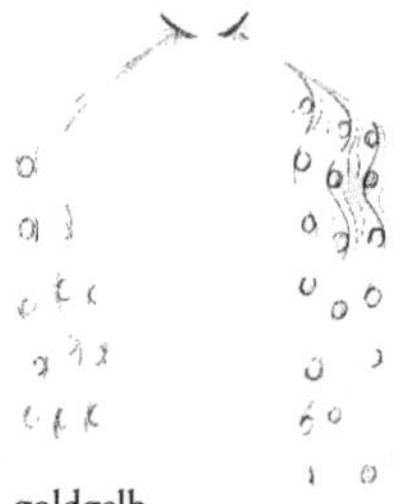

goldgelb

In diesem ganzen Vorgang erlebt man etwas Ernüchterndes und Entblößendes: Seiner feurigen Wesenhaftigkeit beraubt, entsteht ein Gebilde, das völlig schutzlos ist, vereinzelt, wie verloren. Von der Sonne geht wie als Antwort auf diese Not etwas aus, das einen Schutz, dem Ganzen eine Milde gibt:

Zu beiden Seiten strömt warmes Sonnengold herab, bildet eine Hülle, einen ausgleichenden wärmenden Mantel um den Vorgang der Kristall-Erkaltung, der Kristallbild-Erstarrung.

3. Verstehen der Bilder und Rückwirkung auf das Bewusstsein

Bevor nun davon berichtet wird, wie die Erfahrungen, die im imaginativen Bereich gemacht werden, zurückwirken auf das Erleben im (alltäglich) sinnlichen Bereich, soll noch eine allgemein bekannte Pflanze beschrieben werden, deren Beobachtung ganz besondere Einsichten in das elementare Weben in und um die Pflanze bietet.

Die Tanne

Abies alba Mill., Weißtanne

Die Nadeln der Weißtanne weisen einige für Nadelbäume ungewöhnliche Eigenschaften auf: Sie stehen am Triebe in streng gescheitelter Stellung, sind flach und weich und besonders dunkel im Grün. Es ist so, als wollte die Tanne möglichst weitgehend das flache grüne Blatt der laubtragenden Pflanzen imitieren. Gerade an diesem Laubblattartigen des Tannentriebes spielen sich die folgenden Vorgänge ab:

Auf die Nadeloberfläche trifft eine seitlich heranziehende Kraft auf. Wie ein flacher Kiesel auf eine Wasseroberfläche kurz aufklatscht und dann nach einem «Hüpfer» etwas entfernt untergeht, so bewegt sich diese Kraft nach einem ersten Aufdrücken wieder etwas weg und zieht dann unterhalb der Nadeln ein.

Dadurch entsteht um den ganzen benadelten Trieb ein Druck. Anders im physischen Bereich, in dem wir Druck als Grenzerlebnis wahrnehmen, wo irgendetwas auf irgendetwas anderes drückt, entsteht hier ein Raum, der einen von überall nach überall gerichteten Druck entwickelt, ungefähr in der Form

einer Wolke. Treffend passt hier ein Begriff aus dem menschlich-seelischen Bereich: In der Wolke herrscht Gestaltungswille. Aber hier nicht als seelische Haltung, sondern eine «Stufe tiefer» als schaffende Kraft: Gestaltungsdruck.

Die Äste, die bei der Tanne vom Stamm schräg nach oben abgehen, haben eine linienartige Verbindung zur Sonne. Die Sonne erscheint als ein rotierender Strahlenkranz. Sein Drehen ist in ein mächtiges Brausen getaucht, wie in einem Sturm. Wichtig ist aber nicht dieses Drehen und Brausen, sondern das Innere des Kreises, das wie ein Tor offen ist. Es scheint durch dieses Tor, durch diese Öffnung eine andere Welt hinein. Zu dieser Welt führen die Linien, die von den Zweigen ausgehen.

Neben diesem Sonnentor erscheint ein Wesen, das mit seinen Bewegungen etwas aus diesem Sonnentor herausholt und entlang der Linien auf den Weg schickt zu den Zweigen der Tanne. Dieses bildet verschieden hell und farbig leuchtende Flächen und Ebenen, die hinter dem Tor gestaltet werden und nun übergeben werden.

Diese leuchtenden Flächen, von den helfenden Wesen auf den Weg gebracht, tauchen nun ein in das Feld oder die Wolke aus Druck um den Tannenzweig. In diesem Druck oder durch diesen Druck werden die Flächen nun zusammengesetzt und wie durch Umstülpung zusammengeklappt: Eine Kristallform entsteht.*

Gleichzeitig geschieht Folgendes: Die Zweige sind auch durch Linien, hier streng gerade Linien, mit der Erde verbunden. Indem sich die Kristallgestalt ausbildet, steigen entlang dieser Linien Wesenheiten in einer Reihe empor und setzen sich in diesem Kristallformgebilde fest, halten es zusammen. Erdhafte

* Es entstehen hier andere Kristallformen als beim Sellerie. Der Autor geht davon aus, dass hier die elementarischen Voraussetzungen für die Zuckerbildung in der Photosynthese geschaffen werden. Zucker ist ein gut kristallisierender Stoff. Über seine Beziehung zum Salzartigen im Sinne einer Salz-orientierten Stoffgruppe siehe die Arbeit von Michael Kalisch, in: *Wege zur Erkenntnis der Heilpflanze* (Hrsg. P. Goedings), Stuttgart 1996.

Wesen, Gnomen ziehen ein und bewirken das Festhalten entlang der Kanten.

Neben dem Wesen, das bei der Sonne hilft, die Kristallebenen zu bewegen, und den Gnomen, die, aus der Erde hochsteigend, das Kristallgebilde zusammenhalten, sind noch andere Wesen tätig, die, am Stamm sitzend, darauf warten, bis der Kristall «gefaltet» ist. Wird das Falten fertig, springen sie vor, springen in den Kristall hinein. Da erleben sie etwas ganz Außerordentliches: Es gelingt ihnen ein Blick in die Sonne! Wenn sie sich mit dem Kristall vereinen, können sie kurz in die Sonne schauen. Das verwandelt sie radikal: Während sie vorher ein graues, undurchdringliches Aussehen hatten – bei einem doch sanften und freundlichen Charakter –, leuchten sie jetzt hell auf, strahlen auf, jubeln und drücken dabei aus: «Ich weiß!»

Genauer müsste man sagen: «Jetzt weiß ich endlich!» Wie ein junger Schüler über einer Mathematikaufgabe sitzt, die der Lehrer der ganzen Klasse aufgegeben hat mit dem Hinweis: wer sie als erster löst, darf sich melden, und dieser Schüler dann plötzlich begeistert aufspringt, ganz erfüllt von der errungenen, entdeckten Lösung seiner Aufgabe, und ruft: «Ich hab's!», so erfüllt und beseligt strahlen die beschriebenen Wesenheiten auf, wenn sie einen Blick in die Sonne werfen dürfen und dann rufen können: «Ich weiß!» Ein Einblick in das «Geordnetwerden der Welt» und der darin beschlossenen zukünftigen Entwicklung wird ihnen zuteil.

Es ist die Wahrnehmung dieses «Ich weiß!» eine Steigerung des Beobachtungsvermögens. Diese kann sich ganz unscheinbar in das bisher geübte Beobachten hineinmischen, unterscheidet sich aber ganz wesentlich von ihm.

Zum Verständnis der Bildekräfte, wie sie bisher beschrieben wurden, ist immer ein kombinierendes, vergleichendes und beschreibendes Durcharbeiten nötig. Die Kräfte kraften, aber stumm, ohne Erklärung, einfach so, wie sie sind. Viele Kräfte,

Gesten, Bewegungen und Stimmungen kann man wahrnehmen ohne jedes Verständnis für ihren Zusammenhang. Das ändert sich erst, wenn man eine genügende Fülle von ihnen zusammengetragen hat und sie einerseits untereinander, andererseits mit bereits von anderen Beobachtern berichteten und drittens mit sinnlichen Tatsachen vergleichen kann. Durch gedankliche Arbeit an ihnen findet man Zusammenhänge, und es entsteht eine Sicherheit, wenn man die Zusammenhänge stetig wachsen sieht.

Die angedeutete Steigerung des Beobachtungsvermögens bringt Inhalte, die diese Arbeit mit einem Mal an bestimmten Stellen überflüssig macht. Wenn man das nicht gewohnt ist, kann es so vor sich gehen: Man merkt, man hat einen Zusammenhang erfahren, wird sich aber bewusst: den habe ich mir gar nicht erarbeitet, mir nicht «bewiesen», woher weiß ich das eigentlich? Das kann sogar beunruhigen. Es fehlt eine Art «Rückendeckung», obwohl man an dem Inhalt keinen Zweifel hegt! In der Rückschau kann man gewahr werden: Der Zusammenhang hat sich selber ausgesprochen. Es ist so, man sieht es, denkt es, hört es und versteht es – alles zugleich. Im obigen Beispiel hätte man sich bei weiterer einfacher Beobachtung des Geschehens im Vergleichen mit anderen Beobachtungen auch erarbeiten können, dass das Aufleuchten der Wesen im Anblick der Sonne irgendetwas mit Wissen (im Augenblick des Entstehens) zu tun haben muss – aber es hat sich selber so ausgesprochen, ganz einfach und unkompliziert.

An einer anderen Stelle spricht es sich im Kraftgeschehen der Tanne so aus: Vom Entstehen des Druckfeldes bis zum Einfalten der Kristallform heißt es: «Ich denke!»*

Der übersinnliche Vorgang des Kristallausformens an der dunkelgrünen Nadel der Tanne ist dem menschlichen Denken

* Die Betonung liegt auf der Tätigkeit des Denkens, nicht auf dem Personalpronomen.

analog. Und die Stimmung, in die alles getaucht ist, ist die der Einsicht! Ein demütiges, liebevoll ertragenes «Einsehen» in große Zusammenhänge spielt sich an der Tannennadel ab. Das erleben die Wesen, die vorher am Stamm der Tanne und überall an den Zweigen warten, bis sie in die Kristallbildung eintreten können, um die Sonne zu schauen, und das ist der Grund ihres Jubels.

Ihr Jubel währt aber nur einen kurzen Augenblick. Weitere Kräfte bewirken, dass sie jetzt als verwandelte Wesen – sie leuchten jetzt weißlich hell – wieder herausspringen, sich der Erde zuwenden und sich mit dem dortigen Mineralischen verbinden. Es lebt in den Kristallen der Erde eine Stimmung von «Ich weiß» oder «Wir wissen» – als ein Zustand oder als ein Vermögen, mit dem verglichen das menschliche Wissen in keiner Weise Schritt halten kann.

Durch Beobachtung der Kräftewirkungen am eigenen Kopf, oder an den Köpfen bei intensiv nachdenkenden Mitmenschen, hätte man auch hier anstatt durch Mitteilung durch verstandesmäßiges Arbeiten auf den richtigen Inhalt, den richtigen Zusammenhang kommen können. Bei einer weiteren Kraft, die ihre eigene Natur mitteilt, scheint dem Autor dies jedoch nach seiner bisherigen Erfahrung nicht möglich zu sein: Wenn von der Sonne die Impulse zur Kristallbildung ausgehen, werden diese Impulse begleitet von einem weiteren Impuls, einem Kraftgebilde, das durch eine besondere Art von weißer Färbung auffällt.* Die Art dieses Impulses teilt sich im Augenblick der Wahrnehmung mit: Sie teilt ihren Ursprung aus dem Christus mit. Und diese Kraft wirkt ganz auffällig anders als alle anderen: Sie formt nicht, sie gestaltet nicht, gibt keine Substanz her, erlebt nichts und verwandelt sich nicht, sie hat zu nichts einen speziellen Bezug. Sie erkraftet alles. Alles wird gestärkt, alles geht besser, bekommt

* Im Imaginativen gibt es die verschiedensten Arten von «Weiß», allein die Grade von Durchsichtigkeit ergeben viele Variationen.

einen Ruck, wird geschmeidiger, flüssiger oder fester, wird klarer oder heller und so weiter, alles wird intensiver.

Dazu muss der Autor von einer zwar sehr persönlichen, aber für die Sache doch wichtigen Erfahrung berichten. Nach den zum Teil sehr langen Beobachtungen (bis zu zwei Stunden) bei einer Pflanze bedrängte ihn der Eindruck, dass sein Beobachten der Pflanze nicht unbedeutende Mengen lebendiger Kraft abzieht, ihr raubt, er sie verbraucht, um seine Eindrücke zu verdichten, zu festigen. Um den Schaden wiedergutzumachen, sann er nach Spruchformen, mit denen er sich bei den lebendigen Wesen bedanken könne. In Besinnung darauf, dass das Wiederaufkeimen des übersinnlichen Wahrnehmungsvermögens – unter der Bedingung der modernen, kritischen Haltung, die alles rücksichtslos hinterfragt – eine Folge der Wiederauferstehung der Christus-Wesenheit ist, begann er seine Dankessprüche mit: «In Christi Namen ...» Daraus wurde später: «In Christi Liebe ...» und dann ein Wunsch zur Beförderung dessen, was er vor sich leben und weben sah. Zu seinem großen Erstaunen bewirkten diese Worte, deutlich und gerichtet gesprochen, genau das, was eben von dem Christus-Impuls gesagt wurde: Alle Bildekräfte-Bewegungen erfuhren eine Stärkung, gelegentlich so stark, als hätte man durch Rufen Lawinen ausgelöst. Manche Beobachtung wurde dadurch erst möglich, nachdem die Bildekräfte durch einen solchen Dankesspruch erfrischt und gestärkt waren.

Das Kräftegeschehen um die Tannennadeln geht nach den oben beschriebenen Vorgängen einige Schritte weiter, das soll hier aus Platzgründen nicht weiterverfolgt werden. Nur zwei Gesten sollen noch beschrieben werden:

Der Stamm und die dicken Äste sind von einem kühlen Strömen umgeben und durchzogen. Die Stimmung ist: reine Wachheit.

Etwas Waches wartet auf bestimmte Eindrücke und ist dabei äußerst ernst. Die ernste Stimmung weitet sich über den ganzen

Baum aus. Man will eigentlich nicht mehr sagen: «die Tanne»; man will sagen: «Der Tann steht vor dir, tief ernst und ruhig wartend schaut er dich an.»

Während die Fichte den Blick nach oben führt, wird er von der Tanne nach unten geleitet, in die Tiefen der Erde. Dort erscheint eine Gestaltung, wie sie in der Zeichnung angedeutet ist. Eine genauere Beschreibung muss auch hier unterbleiben.

Bewährung in der Natur

Wie kann man die Sicherheit gewinnen, dass das Beobachtete nicht persönliche Fantasiegebilde sind, sondern wahre Gegebenheiten? Für die bisher beschriebenen Pflanzen kann Folgendes dazu ausgeführt werden.

Sind die Bildekräfte (in der im 2. Teil erklärten Auswahl) zum Beispiel von Weizen und Roggen erst einmal aufgezeichnet, kann man an diese Betrachtungen anknüpfen. Dabei fällt auf, dass draußen auf dem Acker wachsend diese zwei Pflanzen im Vergleich zu vielen anderen Pflanzen in deren Umgebung, sagen wir zu Mohn, Distel oder Heckenrose, sich doch sehr sehr ähnlich sehen. Beide sind ährentragende, dickhalmige Gräser mit breitem Blatt, gegenüber den Unterschieden zu einem Löwenzahn oder einem Holunderbusch in Habitus und Blattform nur geringfügig verschieden.

Die Kräftebilder sprechen eine andere Sprache: Die Unterschiede sind sehr groß. Man kann sie so charakterisieren: Der Weizen hat eine Beziehung zur Wärme und insbesondere zu der schweren, dunklen, in die Waagrechte ausgebreiteten Wässrigkeit des Bodens; der Roggen dagegen zur licht-luftigen Höhe und zum senkrecht darunterliegenden Mineralischen der Erde. Man kann sagen: Roggen und Weizen leben in Polaritäten.

Daraufhin kann man erneut die Pflanzen in der lebendigen

Natur aufsuchen und betrachten. Man kann dann erleben, wie bestimmte Eindrücke neu auffallen: Wie steif und fest steht der Weizen, wie gedrungen und kompakt, wie zusammengezogen und den Blick zu sich hereinziehend. Die Ähren alle in gleicher Höhe in einer Ebene, vom Wind nur widerstrebend bewegt, die Blätter intensiv grün, den Blick zur Ruhe bringend. – Dagegen der Roggen (sofern er nicht wuchshemmend behandelt wurde) hoch aufgerichtet, die Ähren in alle Richtungen gebogen in verschiedensten Höhen, dem Auge keinen ruhigen Halt bietend, mit langen Grannen dem Wind hingegeben, Blatt und Stängel von einem glitzernden blauen Reif überzogen.

Das Auge, das vorher daran gewöhnt war, den botanischen Bestimmungsbüchern entsprechend taxonomische Details, Bruchstücke der Pflanze also nur, auszumachen, orientiert sich jetzt um und gewinnt einen Blick für das Zusammenstimmen kleiner, vorher unwichtiger Merkmale in einem Pflanzenwesen. Ganz verschieden erscheinen jetzt die zwei Getreidearten, und die Charakterstimmungen, die sich aus der sensibilisierten sinnlichen Beobachtung ergeben, sind genau gleich mit den Stimmungen, die mit der imaginativen Beobachtung verbunden sind.

Man kann sich in die Kräftebilder weiter so einleben, dass man zu sachgemäßen Vorstellungen darüber kommt, in welcher Umgebung Weizen und Roggen gut gedeihen können: So der Weizen am besten auf üppigen Böden, auf warmem Auelehm, aber auch auf schweren, tonigen Böden, wenn genug Wärme da ist. Reichlich Grundwasser wird ihm wenig schaden. Anders der Roggen, der sicher keine Staunässe verträgt, aber noch in großer Höhe auf steinreichem Boden oder auf sandig-kieseligem Boden mit wenig Humus noch gut sich behaupten kann. Das entspricht – hinterher überprüft – den Tatsachen.

Ein weiterer solcher Zusammenklang ist folgender: Der Sellerie ist eine Pflanze, die wild in Salzwasser, in der Nähe von Meerwasser wächst. Man vergleiche das vorletzte Sellerie-Bild mit der Vorstellung, die man sich von einem im Wasser auflösenden Salzkristall machen kann.

Aus den Bildern von Tanne und Fichte lassen sich ebenfalls Aussagen machen, zum Beispiel über das Wurzelsystem. Die Fichte ist durchzogen von Kräften, die am Stamm nach oben weisen; bei der Tanne umgekehrt: sie führen den imaginativen Blick in die Tiefe. Äußerliches Faktum ist, dass die Fichte ein extremer Flachwurzler ist, die Tanne das Gegenteil: ein Pfahlwurzler.

Auch wird man an ein Rätsel geführt, wenn man in einem Forst die Naturverjüngung betrachtet und dort bisweilen Tannen neben Fichten im gleichen Alter aufwachsen sieht. Wie ist es möglich, dass die Natur zwei (botanisch gesehen) so ähnliche Pflanzen mit einem derart verschiedenen Habitus hervorbringt – völlig gleichberechtigt nebeneinander? Etwas vereinfacht beschrieben: die Fichte ein hellgrüner, struppiger Quirl; die Tanne ein dunkles, mageres, geometrisch aufgebautes Gerüst. Das entspricht den imaginativen Bildern: die Fichte an der Baumspitze (vergleichbar mit dem jungen Baum im Forst) ein strahlig auseinandergehendes Feuerweben; um die Tanne eine zusammendrückende kristallbildende Strenge. Der Habitus der beiden Pflanzen ist ein vollkommener Ausdruck ihrer Bildekräfte.

Ein Letztes noch zur Tanne: Das kühle Strömen um Stamm und Äste als tragende Kraft der Wachheit legt eine besondere Beziehung zu Wasser nahe. Ein – wohl nur Holzfachleuten bekanntes – Phänomen ist, dass die Tanne zum Ausbilden eines «Nasskerns» neigt, d.h. zur Übersättigung des Kernholzes mit Wasser.*

* Die eben angeführten Betrachtungen und Erfahrungen legen ein Übergangsgebiet zwischen übersinnlicher und sinnlicher Beobachtung fest. Dieses Gebiet der charaktervollen Wesensbeschreibung der exakten Stimmungsauffassung ist eigentlich das Gebiet, das der Goetheanist bearbeitet, jedoch von der sinnlichen Beobachtung herkommend. Er macht die eben als neu gewonnen beschriebenen Erfahrungen vorher, um sich, auf sie gestützt, der Schwelle des Übersinnlichen zu nähern und sie – durch Begriffsbildung – zu überschreiten.

Gleichzeitig mit der Frage nach Absicherung stellt sich die Frage: Stimmen die Ergebnisse der eigenen Beobachtung mit denen anderer Beobachter überein? Hierzu gäbe es sehr viel auszuführen, das meiste kann hier nur sehr verkürzt zur Sprache kommen. Das Vergleichen der eigenen Ergebnisse mit denen anderer Forscher ist eine Arbeit, die viel Aufmerksamkeit und Unterscheidungsvermögen abverlangt: Die Ergebnisse anderer sind oft ähnlich, aber nicht gleich – was heißt das?

Beim Durchgehen der Angaben Rudolf Steiners fällt immer wieder auf, dass er die verschiedensten Standpunkte oder Perspektiven einnimmt, aus denen er jeweils mit einer enormen Schärfe und Weitsicht in sich abgerundete, wie geschlossene Komplexe von übersinnlichen Gegebenheiten herausarbeitet und darstellt. Diese Schärfe und Geschlossenheit machen es manchmal nicht leicht, die aus einer nur wenig veränderten Perspektive mit vielleicht weniger Schärfe erarbeiteten Ergebnisse zu vergleichen. Diese Perspektivität sei am Beispiel der Übungen erläutert, die Rudolf Steiner in seinen Vorträgen in Helsingfors gegeben hat und die es dem Meditierenden ermöglichen, Einblicke in die elementarische Welt zu erlangen. Die Perspektive dabei ist: Aus einer religiös-moralischen Verfassung heraus wird der Blick auf einige wenige, weltumspannend exemplarische Naturgegebenheiten gelenkt – das Blau des Himmels, das Weiß der Schneedecke, das Grün der Pflanzendecke. Dementsprechend grundlegend und umfassend sind die Ergebnisse: Das Blau des Himmels führt zur gefühlten Empfindung der Frömmigkeit als Grundlage allen religiösen Lebens, das Weiß des Schnees zum empfindenden Verstehen der Materiebildung und das Grün der Pflanzendecke zur Einsicht in die Gnade der menschlichen Gedankenbildung.

Die Perspektive, die zu den hier beschriebenen Erfahrungen der Pflanzenbildekräfte führt, ist: liebevolles Einfühlen, jedoch nicht auf religiöser Grundlage, sondern auf einem wissenschaftsartigen Interesse beruhend; oder man könnte auch sagen: auf kindlicher Neugier, dabei den Blick mehr auf einzelne, am bestimmten Ort wachsende Pflanzenarten gerichtet.

Beide verschiedenen Perspektiven brachten erst bei der Beobachtung der Tanne vergleichbare Ergebnisse. Bei ihr steht das allgemeine Pflanzengrün-Geschehen so stark im Vordergrund, dass daraus eine besondere Pflanzenart wird. Bei ihr findet sich aus der letztgenannten Perspektive das, was bei der erstgenannten an der allgemein die Welt umspannenden grünen Pflanzendecke gewonnen wird: der moralisch-elementarische Zusammenhang von Pflanzengrün und menschlichem Denken.

Die Perspektivität muss man sich immer wieder vor Augen führen, um nicht unnötigerweise an den eigenen Ergebnissen zu zweifeln, oder – was schädlich wäre – sie voreilig an andere Ergebnisse anzugleichen.* Innerhalb der Entwicklung des Beobachtungsvermögens ändert sich die Perspektive schrittweise, so dass man immer wieder aufgefordert ist, Vergleiche neu anzustellen und bisherige zu überprüfen. Folgende Begebenheiten können das erläutern.

Der Autor ist Ernst-Martin Krauss auf das freundschaftlichste verbunden. Der gegenseitige Austausch von Erfahrungen im Elementarischen entwickelte sich zu einer intensiven Zusammen-

* Bis auf geringe methodische Unterschiede und den Gegenstand der Beobachtung selbst ist die Perspektive der hier dargestellten Arbeit der von Imme von Eckardtstein am nächsten, um nicht zu sagen: gleich. Die Malerin von Eckardtstein hat sich im Auftrag von Rudolf Steiner mit dem Tierkreis beschäftigt, um die hinter der Sonne liegende, seelische Kräftewelt zu erfassen. Ihre Arbeit wurde von Margot Rößler weitergeführt. Ihre Ergebnisse sind 1965 und 1973 unter dem Titel *Aus der Sprache des Tierkreises – Nach Hinweisen von Rudolf Steiner* im J.-Ch.-Mellinger-Verlag erschienen. Einzelne charakteristische Elemente aus dieser Arbeit sind dem Autor bei seinen Beobachtungen immer wieder begegnet und dienten ihm auch zur Orientierung bei Fragen des Verstehens.

arbeit. Trotzdem war es dem Autor lange Zeit nicht möglich, bestimmte wichtige Beobachtungen von E.-M. Krauss nachzuerleben. Das änderte sich erst durch einen Verwandlungsschritt, einen «Ruck», der seine Perspektive aus dem mehr ätherisch-kraftenden Bereich in den mehr seelisch-wesenhaften Bereich verlegte. Von dort aus lernte er die Wesenheiten wahrnehmen, die sein Freund in seinen Zeichnungen so eindrücklich dargestellt hat* (wenn auch nicht genau dieselben – da zu jedem Landstrich andere Wesen gehören –, die sich aber durch Aussehen und Tätigkeiten ähneln und die man zu einer Gruppe von Wesenheiten zusammengehörig betrachten kann).

Ein solches Erleben leistet einen ganz entscheidenden Beitrag zu der Frage: Entsprechen die Forschungsergebnisse Realitäten oder nicht? Auch bestätigt es den Autor in der Vermutung, dass der Mensch mit seinen Erlebnissen im Übersinnlichen da anfängt, wo er als normal lebender Mensch seinen «Schwerpunkt» hat. Der war für E.-M. Krauss mehr im Seelischen, beim Autor mehr im Ätherischen. Ein Forscher mit wieder anderem Schwerpunkt ist Marko Pogačnik.** Wenn auch der methodische Ansatz ein ganz anderer ist, sind doch die Ergebnisse nacherlebbar.

Sosehr man sich auch dem Schwerpunkt oder der Methode nach unterscheiden mag, sind diese Übereinstimmungserfahrungen von enormer Bedeutung, denn durch sie bildet sich die Empfindung des allgemeingültig, weltumfassend Gleichen aus für das, was in den Imaginationen erfahren wird.

* 1997 veröffentlicht im Heft «Elementarwesen» aus der Reihe *Flensburger Hefte* im Flensburger-Hefte-Verlag.

** Marko Pogačnik: *Elementarwesen*, 1995 erschienen in der Droemerschen Verlagsanstalt Th. Knaur Nachf.

III.
Der Zusammenhang mit Rudolf Steiners Zyklus *Grenzen der Naturerkenntnis*

Eine vergleichende Studie

Vorbemerkung

Für die Lektüre dieser Studie sollten einige Eigenschaften derselben beachtet werden:

1. Diese Studie ist keine selbstständige Darstellung. Sie setzt die vollständige Kenntnis der ‹Methodik› (Teil I) voraus. Des Weiteren ist sie an eine Reihe von Zitaten Rudolf Steiners angebunden, die entweder im Text selbst angegeben werden oder auf die in den Fußnoten hingewiesen wird.

2. Eine der Hauptfragen an die ‹Methodik› ist, wie sich die angegebenen Übungen zu den Übungsangaben Rudolf Steiners verhalten.

   Diese Frage wird im ersten Teil – Allgemeine Aspekte der Bildekräfteforschung – in eher allgemeiner Form behandelt. Dazu werden eine Reihe von Übungsanweisungen, die Steiner im 7. und 8. Vortrag des Zyklus *Grenzen der Naturerkenntnis* angibt, zum Vergleich danebengestellt. Die Nähe dieser Anweisungen zur eigenen Methodik der Bildekräfteforschung sticht sofort ins Auge.

   Im zweiten Teil – Vergleichende Studie – liegt der Schwerpunkt wiederum auf den erwähnten Übungsanweisungen. Sie werden hier aber als eine geschlossene Methodik herausgearbeitet und systematisch denen der Methodik der

Bildekräfteforschung gegenübergestellt. Sie werden dabei in Übungsschritte eingeteilt, die einander zugeordnet, detailliert besprochen und zuletzt in einer Zusammenschau miteinander verglichen werden. Sowohl im Stil als auch in der Art der Gliederung unterscheidet sich der zweite Teil stark vom ersten.

3. Eine Eigenschaft des ersten Studienteils ist, dass ihm keine logische Struktur zugrunde liegt, das heißt kein roter Faden darin zu finden ist. Vielmehr handelt es sich um eine Sammlung verschiedener Aspekte und Gesichtspunkte zum Thema. Jedes Kapitel oder jede Kapitelgruppe kann für sich gelesen werden. Die Auswahl der in diesem Teil angesprochenen Themen richtete sich nach einer Reihe von kritischen Anmerkungen, die im Laufe der Zeit gegenüber der ‹Methodik› gemacht wurden und auf die klärend eingegangen werden soll. Da diese Anmerkungen eine lose Folge ohne innere Ordnung bilden, ist dieser Teil eher im Sinne eines Gesprächs oder eines Forums mit fragenden Wortmeldungen und den dazu gegebenen Antworten zu lesen.

4. Anders als der erste Teil ist der zweite eine systematische Auseinandersetzung mit der Frage, wie sich einzelne Übungsschritte in den beiden Methodiken herausdifferenzieren lassen und wie es um ihre Vergleichbarkeit steht.

5. Da der Sache entsprechend häufig zitiert werden muss, soll auf die Art des Zitierens hingewiesen werden. Es gibt zwei unterschiedliche Formen: Werden zitierte Satzteile in den fortlaufenden Satz eingegliedert, wird der zitierte Teil «... *kursiv* ...» gesetzt. Stehen die Zitate selbstständig, wird in Normalschrift in Anführungszeichen («») zitiert. Der Buchtitel *Die Philosophie der Freiheit* von Rudolf Steiner wird als

bekannt vorausgesetzt und wegen seiner häufigen Verwendung nicht in Anführungszeichen gesetzt. Alle sprachlich ungewöhnliche Ausdrücke sowie Begriffe, auf die besonders hingewiesen wird, werden in einfache Anführungszeichen (‹ ›) gesetzt.

6. Für die verwendete Literatur werden folgende Abkürzungen benutzt:

– Ziegler, Renatus: *Intuition und Ich-Erfahrung*, Stuttgart 2006	(1)
– Majorek, B. Marek: Das Denken in freier Tätigkeit, in: *Das Goetheanum* Nr. 23, 2006	(2)
– Schad, Wolfgang: *Was ist Goetheanismus?* Sonderdruck des Tycho-de-Brahe-Jahrbuchs 2001	(3)
– Steiner, Rudolf: *Die Philosophie der Freiheit*, Rudolf Steiner Verlag Dornach / Schweiz 1978, Gesamtausgabe Bibl.-Nr. 4	GA 4
– Steiner, Rudolf: *Kosmologie, Religion und Philosophie*, Rudolf Steiner Verlag Dornach / Schweiz 1978, Gesamtausgabe Bibl.-Nr. 25	GA 25
– Steiner, Rudolf: *Das esoterische Christentum und die geistige Führung der Menschheit,* Rudolf Steiner Verlag Dornach /Schweiz 1987, Gesamtausgabe Bibl.-Nr. 130	GA 130
– Steiner, Rudolf: *Drei Perspektiven der Anthroposophie*, Rudolf Steiner Verlag Dornach/Schweiz 1990, Gesamtausgabe Bibl.-Nr. 225	GA 225
– Steiner, Rudolf: *Grenzen der Naturerkenntnis* Rudolf Steiner Verlag Dornach / Schweiz 1981, Gesamtausgabe Bibl.-Nr. 322	GA 322

Daraus:	7. Vortrag vom 2. Okt. 1920 abends	7/[Satz-Nr.]
	8. Vortrag vom 3. Okt. 1920	8/[Satz-Nr.]
Für Teile der vorliegenden Arbeit:	I. Darstellung der Methodik	Methodik
	III. Der Zusammenhang mit Rudolf Steiners Zyklus *Grenzen der Naturerkenntnis* – Eine vergleichende Studie	Studie

Wichtiger Hinweis: Die Zitate aus den Vorträgen 7 und 8 der Gesamtausgabe Bibl.-Nr. 322 *Grenzen der Naturerkenntnis* sind mit Satznummern versehen. Es war ursprünglich geplant, die Vorträge mit den Satznummern im Anhang abzudrucken. Kurz vor Drucklegung wurde dies aus Platzgründen verworfen, dabei konnten die Satznummern jedoch nicht mehr in Seitenzahl-Hinweise verwandelt werden. Zur Orientierung kann folgende Übersicht dienen:

In der Ausgabe 1981 entsprechen:

Satznummer	Seitenzahl	Satznummer	Seitenzahl
[7/135-136]	S. 103	[8/11-17]	S. 110
[7/143-152]	S. 104	[8/22-25]	S. 111
[7/156-157]	S. 105	[8/35-41]	S. 112
[7/171-174]	S. 107	[8/48-53]	S. 113
[7/183]	S. 108	[8/54-60]	S. 114
		[8/74-78]	S. 116
		[8/87]	S. 117
		[8/105]	S. 118
		[8/106-110]	S. 119

1. Allgemeine Aspekte der Bildekräfteforschung

Zielstellung der Methodik

Die Methodik stellt sich die Aufgabe, den Wechsel aus der sinnlichen Welt, der Welt, die sich der Mensch mit seinen Sinnesorganen erschließt, in die übersinnliche Welt zu ermöglichen, ihn anzubahnen oder, falls schon gegeben, dabei zu helfen, ihn zu ordnen und überschaubar zu machen.

Gliederung der verschiedenen Ebenen der Welten

An die sinnliche Welt schließt sich nicht eine, es schließen sich mehrere übersinnliche Welten an, die sehr unterschiedlich in ihrer Art sind und die verschieden gegliedert werden können. Eine recht grobe, aber doch sinnvolle Gliederung ist die in eine physisch-sinnliche, eine ätherisch-lebendige, eine astralisch-seelische und eine geistige Welt. Insbesondere die letztgenannte Ebene des Seins kann weiter untergliedert werden, aber auch die anderen sind vielfältig in sich strukturiert. Aus verschiedenen Gesichtspunkten können daher verschiedene Gliederungen sinnvoll werden. Eine sehr spezielle Gliederung gibt Rudolf Steiner* folgendermaßen an:

* *Das Esoterische Christentum und die geistige Führung der Menschheit,* GA 130, 4.11.1911, Ausgabe 1978, Seite 114.

Vier Welten	Anteil des Menschen
Oberes Devachan	Wille: moralische Impulse
Unteres Devachan	Gemüt: ästhetische Ideale
Astralwelt	Gedanke: ätherische Natur
Physische Welt	Leiblichkeit: physisch-materielle Natur

Diese Gliederung entwickelt er, um die Einflüsse, die aus den übersinnlichen Welten auf den Menschen einwirken und ihn führen, zu beschreiben. Charakteristisch und sehr aufschlussreich ist, dass die Ebenen, von der die Wirkungen ausgehen (linke Spalte), und die Ebenen, auf der sie im Menschen zur Erscheinung kommen (rechte Spalte), verschieden sind.*

Eine andere Gliederung, wie sie für den hiesigen Vergleich sinnvoll ist, entsteht durch die Einführung des Begriffes «elementarische Welt». Dieser bezeichnet eine in der Natur vorkommende und dem Menschen sehr nahestehende Schichtung, die sich aus der ätherisch-lebendigen Ebene und der astralisch-seelischen Ebene zusammensetzt und ihr natürliches Zusammenwirken bezeichnet.** Angrenzend an diese elementarische Welt ragen sowohl die geistige Welt als auch die physische Welt mit ihren Wirkungen in diese hinein. Es ist sinnvoll, diesen Bereich in der beschriebenen Art herauszubilden, da er dem Menschen so nahesteht, dass er ihm in seinen Bemühungen um die Erweiterung seines Wahrnehmungsvermögens zumeist als Erstes begegnet, sofern er nicht seine Aufmerksamkeit ganz auf sein Inneres richtet.

* Mit Ausnahme der untersten Ebene, der physischen Welt.

** Eine ausführliche und kommentierte Sammlung der vielen Angaben Steiners zu Begriff der *elementarischen Welt* hat Oskar Kürten in einem Buch zusammen gestellt (siehe Literaturverzeichnis).

Verschiedene Sichtweisen auf die Gliederung der übersinnlichen Welt

Je nach Aufbau und dem Gesamtsinn einer Gliederung können die einzelnen Ebenen eine ganz unterschiedliche Bedeutung bekommen:

A	B	C
	geistig	geistig
geistig	seelisch/astralisch	Zwischenstufe
	lebendig/ätherisch	Zwischenstufe
Schwelle	*Schwelle*	*Schwelle*
physisch	physisch	physisch

So kann die Ebene des Ätherischen wie in der Gliederung A schon als etwas Geistiges betrachtet werden, zwar als dessen unterste Stufe, aber eben doch schon als etwas Geistiges. Das ist gerechtfertigt, weil die ätherische Ebene jenseits der durchaus schwer zu überwindenden Schwelle liegt, jenseits der Kluft, die sich zwischen den naturgegebenen Sinneswahrnehmungen in der physischen Welt und den erst mit viel Mühe zu erringenden übersinnlichen Wahrnehmungen auftut. Ganz aus der Sicht der sinnlich-physischen Perspektive ist die ätherische Ebene doch schon eine sehr hohe.

Sie kann aber auch – aus der Überschau der vier Stufen – nur als eine Übergangswelt betrachtet werden, als erste von zwei Übergangswelten zum eigentlich Geistigen (C). Das ist ebenso gerechtfertigt, wenn man die geistige Welt mit ihrem geradezu ungeheuren, überwältigenden Kraftpotenzial kennengelernt hat und aus dieser Sicht die ätherischen Kräfte beurteilt. Die Kräfte des Ätherisch-Lebendigen erscheinen dann eher als friedlich und bescheiden.

Die erste Sichtweise, in der die ätherischen Kräfte, wenn sie das erste Mal in voller Reinheit auftreten, als überaus schöne, enorm kraftvolle und eindrückliche Erscheinungen erlebt werden, lässt im Menschen einen dieser Welt gegenüber ganz besonderen Respekt entstehen. Dieser Respekt, diese Hochachtung und Ehrfurcht, wird noch weiter genährt: einerseits durch die Schwierigkeit, die Schwelle, die den Menschen von dieser Welt trennt, zu überwinden, andererseits durch Nachwirkungen aus einem historischen Moment. Das historische Moment besteht darin, dass es in früheren Zeiten nur wenigen Menschen vorbehalten war, diese Schwelle zu überschreiten, und dass diesen Menschen gegenüber ein hoher Respekt vorhanden war, dass ihnen größte Achtung und Ehrfurcht entgegengebracht wurden, aber auch Furcht wegen eines natürlichen Empfindens der Unterlegenheit ihnen gegenüber.

Zum Begriff «Hellseher» und seiner Bewertung

Beide letztgenannten Gründe tragen dazu bei, Menschen, die heute anfänglich im übersinnlichen Bereich wahrnehmen können, mit dem ebenfalls aus der Vergangenheit übernommenen Begriff ‹Hellseher› zu versehen und einen ganz eigenartigen Nimbus daran zu heften, der je nach Charakter der beurteilenden Person sehr unterschiedlich ausfallen kann. Gemessen aber an dem, was ein anfängliches Wahrnehmen im übersinnlichen Bereich ist und welches Selbstverständnis sie dem Wahrnehmenden vermitteln können, sind diese ‹Anheftungen› ein vollkommen unnötiges und gar störendes, hemmendes Element. Ebenso wie die zwei genannten Gründe Menschen mit beginnender übersinnlicher Wahrnehmung in einen bestimmten Status rücken, der aus Gründen der Unkenntnis der Bewertungsmaßstäbe oft den Charakter einer Überbewertung trägt, kann dieser Status auch als etwas ganz Unbrauchbares, ja Antagonistisches bezeichnet werden. Dies deshalb, weil die Überwindung der Schwelle zwischen sinnlicher und übersinnlicher Welt heute eher aus Gründen der eigenen Biografie als an sich schwierig zu überschreiten ist.

Biografische Gründe aber, die aus karmischen Verhältnissen, bisher erworbenen Fähigkeiten und besonders aus der eigenen inneren Zielsetzung bestehen, sind äußerst verwickelt. Die klare Kenntnis der eigenen inneren Zielsetzung, die ‹der weisere Mensch in uns› (Begriff nach R. Steiner) angelegt hat und der in den meisten Fällen tief im Willen unbewusst wirkt, würde für sich allein schon verhindern, dass der Mensch die Fähigkeiten anderer überbewertet.

Bewertung der Fähigkeit, im Übersinnlichen wahrzunehmen

Die Fähigkeit, jenseits der Schwelle in den Anfangsgründen der elementarischen Welt wahrnehmen zu können, ist an und für sich keine so überragende. Das wird sofort klar, wenn man versucht, diese Fähigkeit zu dehnen, um auch in andere Bereiche der übersinnlichen Wahrnehmung zu gelangen, andere als die, in die man durch eigenes Bemühen oder durch Schicksal gerade zuerst und scheinbar zufällig geraten ist. Es wird dann sofort klar, wie viel weitere Anstrengung und innere Verwandlung noch nötig sind, um weitere Wahrnehmungsorgane oder Wahrnehmungsrichtungen für andere Bereiche auszubilden als die, in denen man sich, sagen wir durch die Gunst der Fügung, gerade befindet. Man empfindet sich dann als rechter Anfänger, als ‹Grünschnabel›, der mit dem Nimbus des ‹Hellsehers›, wie er ihm ungerechtfertigterweise entgegengebracht wird, nicht nur nichts anfangen kann, sondern ihn als drückend und dämpfend, zumindest aber als lästig empfindet.

In den Vorträgen zu den Perspektiven der Anthroposophie drückt sich Rudolf Steiner aufrüttelnd und ernüchternd so aus: «Es bedarf noch nicht viel hellseherischer Kraft, um gewahr zu werden, wie im Menschen diese schaffende Kraft des Denkens als Wachstumskraft, als Bildekraft überhaupt wirkt. Man braucht nur ... Man braucht sozusagen nur ...»*

An dieser Aussage können die natürlichen Verhältnisse gut aufgezeigt werden. Denn man könnte doch meinen, die Erkenntnis, dass die schaffende Kraft des Denkens als Bildekraft wirkt, (was bedeutet, dass die Kraft des Denkens eine Seite der Wachstumskräfte, eine Seite der Bildekräfte ist), sei das Ergebnis einer regen Forschungstätigkeit im Übersinnlichen und nicht das Ergebnis eines ‹eben mal Hinschauens›, zu dem es nach Steiners Angaben nur den ‹Ruck zurück› braucht.**

Die Verhältnisse sind kompliziert, denn beides ist richtig. Es ist tatsächlich doch recht leicht, die inneren menschlichen Denkbewegungen anhand von Mathematikaufgaben (an mathematischen Operationen) zu erleben, es ist aber erfahrungsgemäß kaum jemandem möglich, diese eigene persönliche Erfahrung aufgrund ihrer zarten inneren Natur als Bildekraft oder Wachstumskraft zu *identifizieren*. Es kann also gut sein, dass man bei gelungener Beobachtung (die sogar zufällig auftreten kann) den Inhalt der Beobachtung gar nicht zu würdigen weiß, nicht daran ‹weiterdenkt›.

* *Drei Perspektiven der Anthroposophie,* GA 225, 22.7.1923, Ausgabe 1990, Seite 172.

** Studie, Abschnitt 22 und 23.

Übersinnliche Wahrnehmung und die eigene Biografie

In einem kaum bekannten Maß unterliegt das Denken neben aller Klarheit, Logik, Einsichtigkeit usw. dem eigenen Willen – einem Willen, der ganz im Verborgenen wirkt. Dieser verborgene Wille wiederum hat mit unserer Biografie und unseren von uns selbst – das heißt dem höheren Wesensanteil in uns – gesteckten Zielen zu tun.* Wären die Dinge nicht so kompliziert, wäre es nur eine Frage der kurzen Wahrnehmung und einer schnellen Auffassungsgabe, dann gäbe es heute in der Schule bereits das Unterrichtsfach ‹übersinnliche Wahrnehmung›, gleichberechtigt neben Mathematik, Physik und Chemie.

Man könnte an dieser Stelle einwenden, dass viele Hinderungsgründe, die ein solches Zusammenklingen von übersinnlicher Wahrnehmung und denkerischem Verarbeiten nicht zustande kommen lassen, ganz äußerer Natur sind, oder Wesenheiten zuzuschreiben sind, die dies zu verhindern eigens zum Ziel haben. Dazu muss man sagen, dass der ‹weisere Mensch› in uns auch die äußeren Gegebenheiten mitbedenkt und gar in ihnen wirkt und andererseits die Überwindung von Widersacherkräften zur individuellen Ausbildung von Fähigkeiten gehört, also auch wieder Teil der persönlichen Biografie ist.

* Die Bedeutung dieses Willens im Schaffen bedeutender Mathematiker und Logiker des 20. Jahrhunderts hat Bernardo Gut in seinem Buch *Inhaltliches Denken und formale Systeme* ausgearbeitet.

Der historische Aspekt der übersinnlichen Wahrnehmung

Zum historischen Aspekt kann gesagt werden: Wenn, wie Steiner es beschrieben hat, das Initiationsprinzip, das heißt kurz gesagt, die Einführung des Menschen in die übersinnliche Welt, zum Zivilisationsprinzip werden soll, dann muss die althergebrachte Hochachtung gegenüber dem Hellsehen und den Personen, die über entsprechende Fähigkeiten verfügen, einem persönlichen Streben weichen, selbst einem Schwellenübertritt so nahe wie möglich zu kommen. Die althergebrachte Hochachtung schafft sehr große vertikale soziale Differenzen, die sich mit der modernen Kulturentwicklung wenig vertragen.

Aus der Sicht der Perspektiven, die Steiner angegeben hat, ist das Erobern der elementarischen Welt eine Aufgabe für die nächsten Jahrhunderte. So wie Naturwissenschaft heute Bestandteil der schulischen Erziehung ist, sie aber noch vor zweihundert Jahren den Geruch von alchemistischer Scharlatanerie hatte (wobei unter alchemistisch hier das verstanden wird, was als Degenerationserscheinung im damaligen öffentlichen Bewusstsein lebte und mit ursprünglicher Alchemie nichts zu tun hat) und sich erst nach außen und innen zu einer anerkannten ‹ordentlichen› Wissenschaft durchentwickeln musste, so muss die Geisteswissenschaft erst noch sich nach innen und außen so weit entwickeln, bis sie zu einem ebenso unentbehrlichen Inhalt von Schulunterricht wird wie die naturwissenschaftlichen Fächer.

In einem Vortrag führt Steiner in einer wunderbaren Weise größte Entwicklungsperspektiven der Menschheit mit ganz praktisch-pragmatischen des menschlichen Lebens zusammen.* Er beschreibt dort ganz in dem eben angeführten Sinne, welche

* GA 130, 4.11.1911, Ausgabe 1978, Seite 115 f.

Wandlungen eine Prüfung in einem naturwissenschaftlichen Fach in Zukunft durchmachen wird. Es ist ganz offensichtlich, wie für das Bestehen eines naturwissenschaftlichen Examens in Zukunft nicht das abstrakte, empfindungs- und gefühlslose Denken bestimmend sein wird, sondern dasjenige, was der Prüfling während des Experimentierens aus dem Erleben der elementarischen Welt dem rein Gedanklichen als seine Empfindung, als seine Wahrnehmungen der Empfindungen der Götter während des Experimentierens hinzufügen kann. Das geht ganz in die Richtung von dem, was man sich als zukünftigen (gemessen nach vielen Jahrzehnten!) Schulunterricht vorstellen kann.

Offenheit und Unbefangenheit

Ich habe in der Einleitung zur Methodik ausgeführt, dass so manche Übung, die in der Methodik aufgeführt ist, dem bewanderten Leser der Rudolf Steiner-Gesamtausgabe befremdlich erscheinen mag, und die Vermutung ausgesprochen, dass dieses Befremden sich auflöst, wenn sowohl der Übungsschatz, den Steiner der Nachwelt überlassen hat, als auch die in der Methodik vorliegenden Übungen genauer untersucht werden. Es ist aber für diese vergleichende Untersuchung zwingend nötig, sich eine gewisse Offenheit und Unbefangenheit zu ermöglichen, das heißt insbesondere sich freizustellen von der Vorstellung, dass erstens nur diese und jene Übung in der ‹rechten Weise› zum Ziele führt und zweitens diese es auch nur in dieser oder jener Reihenfolge erfolgreich tun werde.

Dass die Forderung nach diesem Maß an Offenheit und Unbefangenheit gerechtfertigt ist, kann man Steiners Angaben selbst entnehmen. Sowohl im Vortragszyklus *Die Grenzen* *der Naturerkenntnis* als auch in den Vorträgen zu den drei *Perspektiven für das neue Jahrtausend* sind entsprechende Ausführungen anzutreffen.*

Der Weg des Morgenländers und des Abendländers**

Im siebten Vortrag des Zyklus *Grenzen der Naturerkenntnis* stellt Steiner einen Entwicklungsweg, einen Schulungsweg zum Erreichen des Übersinnlichen dar, der für den Orientalen der angemessene war, für seine Bedürfnisse und auch für seine leibliche Konstitution in älteren Zeiten der richtige und relativ gefahrlose war und auch mehr oder weniger leicht zu begehen war. Insbesondere legt er dar, dass dieser Weg in die Inspiration führte. Der alte Orientale begab sich dabei mit seinem Bewusstsein aus dem Leib heraus, wobei er nicht befürchten musste, dass dabei sein Ich verloren geht, da er seelisch für diesen Weg eingerichtet war. Er beschreibt weiterhin, dass in Folge der Weiterentwicklung der Menschheit dieses Herausgehen aus dem Leib nicht mehr so ungefährlich wie in früheren Zeiten war und dass in den orientalischen Weisheitsschulen Vorsorgemaßnahmen ergriffen werden mussten, um den Schüler vor Abgleitungen und Entgleisungen zu schützen. Steiner führt den Gedanken der Weiterentwicklung der Menschheit so fort, dass aufgrund dieser Weiterentwicklung

* GA 322 und GA 225 bzw. die von J.C. Lin herausgegebene Einzelausgabe: *Anthroposophie. Drei Perspektiven für das neue Jahrtausend,* Stuttgart 2000.

** Rudolf Steiner bedient sich der Begriffe «Morgenländer» bzw. «Abendländer», um die unterschiedlichen Voraussetzungen zu charakterisieren, denen die Menschen des westlichen beziehungsweise der orientalischen und fernöstlichen Kulturkreise unterliegen. Rudolf Steiner hat seine Vorträge vor knapp einhundert Jahren gehalten, die beiden Begriffe klingen heute etwas veraltet.

der abendländische Mensch durch seine besondere Seelenlage einen ganz anderen Weg in die übersinnliche Welt gehen muss als der Morgenländer, und charakterisiert ihn als mehr oder weniger umgekehrten Weg: Statt durch die musikalische Qualität von mantrischen Sprüchen gestützt den Leib zu verlassen, soll der Abendländer durch ein (kompliziertes) bewusstes Begreifen des physischen Leibes das Geistig-Seelische mit der physischen Organisation verbinden. Was Steiner an sehr genauen Einzelheiten für diesen abendländischen Weg angibt, soll in dieser Studie später noch detailliert auseinandergelegt werden.

‹Wege gehen› in der mannigfaltigsten Weise

Wichtig ist hier Steiners Aussage im folgenden, dem achten Vortrag des gleichen Zyklus, in dem er das Thema in gleicher Dichte fortsetzt. Wegen ihrer Bedeutung soll die Aussage hier nochmals zitiert werden:*

«Für die abendländische Zivilisation ist der Weg in die übersinnlichen Welten der der Imagination. Nur muss diese Imagination ganz in das übrige Seelenleben organisch hineingestellt werden. Und dies kann in der mannigfaltigsten Weise geschehen, wie ja auch schließlich der orientalische Geistesweg nicht in ganz eindeutiger Weise vorausbestimmt war, sondern wie er in der mannigfaltigsten Weise gegangen werden konnte. Ich will heute den Weg in die geistige Welt, wie er der abendländischen Zivilisation angemessen ist, so schildern, wie in etwa am besten gehen könnte derjenige, welcher durch das wissenschaftliche Leben des Abendlandes hindurchgeht.» (8/11–14)

* Zu den beigefügten Satznummern siehe die Vorbemerkung.

Was hier hervorgehoben werden soll, ist das Attribut der ‹mannigfaltigen Weise›, in der die Wege in die geistige Welt beschritten werden können, was sowohl für den Weg des Morgenländers als auch des Abendländers gilt. Das bedeutet: Obwohl die Wege rahmentlich genau bestimmt sind und in diesem Fall sogar genau entgegengesetzt verlaufen sollen, gibt es innerhalb der Wege Freiheitsgrade.

Es ist gut vorstellbar, dass es beim Entfalten solcher Wege nicht um ein beliebiges Nebeneinander verschiedener Variationen geht, sondern um ein sinnvolles Entwickeln innerhalb einer Metamorphosenreihe. Das ist allerdings nur eine Überlegung. Die Möglichkeit, fest umrissene Wege auf mannigfaltige Weise gehen zu können, sollte Grund genug sein, sich für die Entstehung von verschiedenen Gehweisen offenzuhalten, durchaus, um sie einer kritischen Prüfung zu unterziehen, und sich offenzuhalten für Wegvariationen, die bis in sehr praktische Details andere Ansätze verfolgen, sich aber grundsätzlich innerhalb des gleichen Rahmens bewegen.

Wege in die übersinnliche Welt für den Naturwissenschaftler

Die Möglichkeit auf ‹mannigfaltige Weise› rahmentlich genau definierte Wege gehen zu können, ist auch die Grundlage, auf der Steiner in der Folge des achten Vortrages differenziert zwischen einem Weg, von dem er sagt, «*...dass er gewissermaßen für jedermann taugt ...*» (8/15) und einem Weg «... *wie er eben mehr für den Wissenschaftler taugt*» (8/16). Den ersten Weg hat er niedergelegt in dem Buch *Wie* *erlangt man Erkenntnisse der höheren Welten?* (GA 10) als «*... durchaus ein sicherer Weg in die übersinnlichen Gebiete hinein ...*», den er so charakterisiert, «*... dass er vor allen Dingen für diejenigen taugt, die nicht durch ein eigentlich wissenschaftliches Leben hindurchgegangen sind.*» (8/15)

Der zweite Weg wird ausführlich in den zwei Vorträgen besprochen, wobei Steiner, «*... ansehen muss als eine richtige Voraussetzung dieses Erkenntnisweges das Verfolgen dessen, was in meiner Philosophie der Freiheit dargestellt ist.*» (8/17) Auf diese Voraussetzung kommt er immer wieder zurück, seine Wichtigkeit betonend und seine Bedeutung erläuternd. Davon im Einzelnen später mehr. Wer beide Bücher studiert hat, das Buch *Wie erlangt man Erkenntnisse der höheren Welten?* (GA 10) und *Die Philosophie der Freiheit* (GA 4), wird nicht umhinkönnen, die große Unterschiedlichkeit in Stil und Inhalt zwischen beiden zu bemerken und weiterhin auch bemerken, wie schwierig es ist, die Brücke zwischen der *Philosophie der Freiheit* und den dazugehörigen Ausführungen in den zwei genannten Vorträgen zu schlagen. Stil, Stimmung und Übungsanleitungen klingen durchaus sehr verschieden, auch wenn bestimmte wenige Übungen aus *Wie erlangt man Erkenntnisse der höheren Welten?* an geeigneter Stelle in den Vorträgen als dort notwendig eingeflochten werden.

Probleme der klassischen Ausbildung zum Naturwissenschaftler

Offensichtlich schafft die klassische Ausbildung zum Wissenschaftler und seine Berufsausübung Bedingungen, die einer geisteswissenschaftlichen Schulung nicht gerade entgegenkommen und die eine besondere Abwandlung des ‹allgemein Tauglichen› erfordern. Ganz in diesem Sinne spricht Steiner im ersten Vortrag der Reihe ‹Drei Perspektiven für das neue Jahrtausend› aus, «... *dass derjenige, der einmal mit seinen Denkgewohnheiten hineingewachsen ist in das gegenwärtige Wissenschaftsleben, eigentlich unmöglich so ohne Weiteres zur anthroposophischen Auffassung herüber kann. Daher muss man durchaus gewärtig sein, dass von dieser Seite her irgendeine Zustimmung zu der anthroposophischen Welterkenntnis kaum bald kommen kann. Diejenigen Menschen, die entweder nicht mit ihren Denkgewohnheiten in den wissenschaftlichen Betrieb von heute hineingewachsen sind oder die als junge Menschen im Hineinwachsen auch gleich herauswachsen, die werden es sein, die hauptsächlich die Berechtigung anthroposophischer Welterkenntnis einsehen werden*». * Er resümiert eine Entwicklung, die sich bis zur Zeit des Vortrags in der anthroposophischen Gesellschaft vollzog, mit den Worten: «*Gerade dadurch, dass wissenschaftlicher Betrieb in die anthroposophische Gesellschaft eingezogen ist, was ja in anderer Beziehung als eine außerordentlich erfreuliche Tatsache zu begrüßen ist, sind mit Bezug auf den angeführten Punkt außerordentlich viele Irrtümer entstanden.*»** Mit dem ‹angeführten Punkt› ist der damals (und vielleicht auch heute noch) herrschende Glaube gemeint, dass man etwas für die Anthroposophie ‹außerordentlich Günstiges› erreichen kann, wenn man der klassisch naturwissenschaftlichen Welterkenntnis *‹auf gewisse Weise, wie man das nennt, entgegenkommt›*.*** Rudolf Steiner musste zur damaligen Zeit die bittere Erfahrung hinnehmen, dass Naturwissenschaftler trotz Anteilnahme an der anthroposophischen Bewegung den Kern der Anthroposophie nicht vollständig aufnehmen konnten, ihn gegen die naturwissenschaftlich geprägte Grund-

* GA 225, 20.7.1923, Ausgabe 1990, Seite 133 f.

** GA 225, 20.7.1923, Ausgabe 1990, Seite 133 f.

*** GA 225, 20.7.1923, Ausgabe 1990, Seite 133.

einstimmung nicht durchsetzen konnten. Es blieb das klassische Wissenschaftsdenken das Primäre.

Hürden vor dem Eindringen in die übersinnliche Welt

Es ist wohl einsehbar, dass mit der damaligen wie auch der zeitgenössischen Ausbildung zum Wissenschaftler weit mehr erreicht wurde und wird als eine bloße Anhäufung von Wissen, Erfahrung und Geschick im Experimentieren. Wenn man diese Ausbildung genauer betrachtet, ist deutlich, dass neben der Vermittlung von Wissen und Fertigkeit gleichzeitig entscheidende Hürden gegenüber einem geisteswissenschaftlichen Verständnis und insbesondere auch der Entwicklung der Wahrnehmungsfähigkeit im Übersinnlichen aufgebaut werden.

Dies geschieht durch eine sehr wirkungsvolle, sehr effektive und aus der Sicht des materialistisch gesinnten Wissenschaftlers sehr sinnvolle Verzahnung und dadurch gegenseitige Stützung und Stärkung von zwei verschiedenen Ausbildungsrichtungen. Die eine besteht in der Vermittlung bestimmter Gedankenmodelle, wie zum Beispiel die atomare Grundstruktur als alleinige Ursache aller Erscheinungen der Welt, die mechanistische Effizienz in den Lebensprozessen, diese wiederum als Ursache und Motor der Evolution, die Existenz von schwarzen Löchern, dunkler Materie und anderen Dingen. Die andere Richtung besteht in einer Schulung der Wahrnehmung. Über diese Wahrnehmungsschulung wird im allergeringsten Maße reflektiert, sie findet mehr im halb-, vor- oder unbewussten Teil der Seele statt. Im bewussten Teil dieser Ausbildung begnügt man sich mit einfachen und allgemeinen Anforderungen wie Genauigkeit, Verlässlichkeit oder Wiederholbarkeit der Beobachtung, wobei durch systematische, sehr weit gehende Instrumentalisierung und überhaupt das Einschalten von Messvorgängen das Beobachten auf das Feststellen der Überdeckung von Zeiger und Skalenteil (analoges Messen) oder heute überwiegend auf Zahlenerkennung (digitales Messen) reduziert wird. Das Wahrnehmen und Beobachten sinkt in der überwiegenden Zahl der Fälle so weit im Niveau, dass eine Reflexion über Formen des Wahrnehmens völlig überflüssig erscheint.

Durchflutung der Wahrnehmung durch Begriffe

Im unbewussten Bereich findet dabei im Gegenzug etwas ganz anderes statt: Es findet eine Durchflutung statt, ein Durchschwemmen der Wahrnehmung mit Begriffen, die in einer ganz unglaublichen Fülle im letzten Jahrhundert in der naturwissenschaftlichen Forschungstradition entwickelt wurden und die wohl täglich um neue Begriffsbildungen vermehrt werden. Ob gezielt oder nicht, es wird dem angehenden Naturwissenschaftler ziemlich genau gesagt, was er wahrzunehmen hat und was nicht, weil durch das so sichere Selbstverständnis, dass der Ansatz der klassischen Naturwissenschaft der einzig richtige Weg zur Erkenntnis der Welt ist, eine Unsumme fertiger Begriffe ungebremst in die Wahrnehmung einfließen und über den tiefgreifenden Einfluss dieser Begriffe auf die einfachen Wahrnehmungsvorgänge nicht reflektiert wird. Ihr determinierender Einfluss wird stillschweigend übergangen.

Natürlich werden in dieser Wissenschaft auch Disziplinen wie Originalität und Unbeeinflussbarkeit gefordert. Aber gegenüber dem, was hier gemeint ist, spielt sich dies nur an der Oberfläche ab. Dass die Wahrnehmung mit Begriffen durchstrukturiert wird, mag in bestimmten Bereichen der Psychologie und Philosophie selbstverständlich sein, aber für weite Teile der naturwissenschaftlichen Ausbildung spielt dies keine Rolle, und Seminare, in denen eine Trennung von Wahrnehmung und Begriffsfindung, das heißt eine Reinigung der Wahrnehmung von den mitgebrachten Begriffen geübt wird, findet man an den Universitäten kaum.

Die Trennung von Begriff und Wahrnehmung im Experiment

In der Methodik* wurde ausgeführt, dass die dort beschriebenen Übungen für das Ziel hinreichend sein sollen, den Schwellenübertritt in die Imagination zu ermöglichen. In Beschränkung auf das Ziel habe ich auf Übungen verzichtet, die die Methodik zu unübersichtlich machen würden. Ich habe darauf hingewiesen, dass unter solchen ausgeklammerten Übungen einige sind, die für eine Vervollständigung des Bildes vom Denken unentbehrlich sind. Eine dieser nicht angeführten Übungen soll hier beschrieben werden, weil sie den Zusammenhang von Begriff und Wahrnehmung sichtbar machen und in Erfahrung bringen kann.

Der Übende lasse dazu ein gemaltes oder gezeichnetes Bild von einer anderen Person auswählen und dieses mit einer Pappe oder etwas ähnlich Stabilem verdeckt in einiger Entfernung vor

* Methodik, Abschnitt 16.

sich aufstellen. Die Person, die assistiert (zur Not kann man diesen Schritt auch selbst besorgen), zieht die Verdeckung schrittweise von dem Bild weg, sodass das Bild streifenweise immer offener liegt.

Das Bild muss besonderen Bedingungen genügen, die der Assistent bei der Auswahl unbedingt berücksichtigen muss, denn davon hängt der Erfolg der Übung entscheidend ab: Das Bild darf nicht aus vielen, leicht zu identifizierenden Einzelheiten aufgebaut sein, sondern im Gegenteil ein Gesamtthema erst durch das Zusammenspiel vieler, an sich ganz bedeutungsloser Zeichen, Striche oder Farben erkennbar werden lassen. Um es an einem einfachen Beispiel zu erklären: Eine Pfote erscheint am Rand des Bildes, und weil sie so genau dargestellt ist, wird sofort zweifelsfrei klar, dass im Weiteren der ganze Hund oder die Katze zum Vorschein kommt. Dies wäre ein ungeeignetes Bild.

Der Autor hatte einen guten Erfolg mit einem Bild des Malers Franz Marc, in dem ein Tier in recht unscharfen Formen und in blauer Farbe erst ganz zum Schluss seine Natur als Fuchs preisgab. Solche Bilder zu finden ist sicher nicht leicht, der Aufwand lohnt sich aber vollkommen. Zur Not kann man Bilder mit diesen Anforderungen auf einer Tafel selbst entwerfen. Der Übende hat die Aufgabe, das Bild möglichst schnell genau und treffsicher zu identifizieren. Wenn nun die Chance gegeben ist, dass dies eine Weile dauert, wenn Begriffe zu den Wahrnehmungselementen gefunden, geprüft und doch wieder verworfen werden können bzw. müssen, dann besteht für den Übenden der Freiraum, diesen Vorgang «nebenher» zu studieren. Ebenso wie es für Vorstellungen einen Vorstellungsraum gibt, so gibt es für das Eintreffen und Auftauchen von Begriffen ‹Wirkrichtungen›, die zu finden außerordentlich aufschlussreich ist. Ihre Entdeckung öffnet das Tor für eine Vielzahl hochspiritueller Fragen und legt dabei ein großes Beobachtungsfeld frei:

Woher kommen die Begriffe? – *Unterschiedliche Quellen!*
Was ist ihre Substanz? – *Je nach Quelle verschieden!*
Sind sie einfach oder mehrschichtig? – *Je nach Erlebnistiefe, je nach Eindringtiefe der Beobachtung verschieden!*
Und so fort.

Begriffe strukturieren die Wahrnehmung

Eine Beobachtung ist aber für den oben genannten Zusammenhang sehr wichtig: Man kann unter günstigen Umständen erleben, wie Begriffe spontan die Wahrnehmung strukturieren, verändern, verwandeln. Und ganz besonders wichtig: Der Mensch empfindet dies als angenehm, wir lassen uns dies gerne gefallen, wir fühlen uns sicher, wenn dies passiert, und befriedigen damit eines unserer grundlegendsten Bedürfnisse, welches zugleich ein ausschließlich menschliches Bedürfnis ist. Diese letzten Beobachtungen sind ungemein wertvoll und vielleicht auch an anderen, weniger künstlichen Situationen zu erleben. Es ist dazu nötig, bei zufälligen Beobachtungen (eventuell auch im Alltag) einige besondere Disziplinen zu pflegen:

Die erste ist, Ehrlichkeit an den Tag zu legen und sich einzugestehen, dass man ein gewisses Etwas (das ganz primitiv materiell sein kann, zum Beispiel ein aus einem Abfallhaufen herausragendes unidentifizierbares Ding) nicht erkennen kann und sodann dieser Einsicht nicht ausweicht, was der Mensch im Allgemeinen gerne tut, weil das ‹Nicht-identifizieren-Können› ein durchaus schmerzlicher Zustand ist. Man weicht reflexhaft diesem ‹Eingeständnis des Nichtverstehens› bei einfachen sinnlichen Beobachtungen sofort aus, am einfachsten, indem man der Beobachtung das Interesse entzieht, meint, ‹das interessiert mich doch gar nicht› und den Blick weiterlenkt.

Alles natürlich ganz blitzschnell und meist im Vorbewussten, das heißt zwar leicht ins Bewusstsein zu bringen, aber in der Praxis eben doch nicht darin.

Die zweite Disziplin liegt in der Stärke der Geduld, diesen seelisch leicht schmerzenden Zustand durchzuhalten, das Abwenden zu vermeiden, die Aufmerksamkeit mit immer neuem Interesse auf den unerkannten Gegenstand zu lenken und das eigenartige ‹Brennen› in der Seele durchzustehen. Kommt dann doch ein passender Begriff, was bei der Natur der Aufgabe natürlich nicht immer gelingen kann (sonst wäre die Übung zu leicht angesetzt), kann man bei entsprechender Muße studieren, wie noch vor der Erkenntnis des «Das ist der Gegenstand wirklich» (was bedeutet, dass der gefundene Begriff tatsächlich passt) eine Umstrukturierung der Wahrnehmung geschieht.

Wer diese Übung einmal selbstständig ganz unbefangen durchführen will, sollte den folgenden Absatz, in dem diese Umstrukturierung beschrieben wird, übergehen.

Ein Bild für die Wahrnehmungsjustierung durch Begriffe ist das Auskristallisieren einer kolloidalen Masse, das Bilden von Kristallen aus einem gelartigen Zustand. Letzterer ist das Bild des *leichten Verschwimmens der Wahrnehmung, wenn der Begriff fehlt.* Am Beispiel einer Wahrnehmung mit dem Auge kann man mit einem feinen Empfindungsvermögen bemerken, wie aus einem ‹Wahrnehmungsdiffusium› eine neue Begriffsoptik wie auskristallisiert, wie bis in eine Art Feinoptik hinein viele kleine und kleinste Umschichtungen stattfinden. Das Ergebnis ist – und dazu braucht es im unmittelbaren Erleben wieder eine Portion Ehrlichkeit, da es unseren gewohnten Vorstellungen von der Objektivität der Sinne ganz zuwiderläuft – eine *neue* Wahrnehmung. Ähnlich wie in den doppeldeutigen Bildern, die in ihrer scheinbaren Dreidimensionalität «umklappen» können, können zu jedem Wahrnehmungsbereich je nach dahinterstehenden Begriffen ganz verschiedene Bildeindrücke gewonnen werden, nicht zwei oder drei, sondern sehr viele. Spielt man eine Reihe solcher Eindrücke durch, kann man aus dem Alltagswissen heraus beurteilen, dass die meisten an einem sachlichen Gegenstand entwickelten Wahrnehmungen durchaus gleichberechtigt nebeneinanderstehen können. (Ein intensives Verinnerlichen solcher Erfahrungen würde dem Menschen im sozialen Verhalten eine große Hilfe sein können.)

Das zweite Bild ist das Bemühen, am Mikroskop durch Tubusverschiebung eine Beobachtungsebene im Objekt scharf zu bekommen. Genau der Übergang des verschwommenen, alles oder nichts darstellenden Wahrnehmungsbildes in ein plötzlich konturiertes, differenziertes, inhaltvolles Bild ist ein passender Vergleich.

Das Hauptproblem besteht für den Naturwissenschaftler, wie schon gesagt, in der mangelnden Reflexion über den natürlichen Zusammenhang von Begriff und Wahrnehmung, eine Reflexion, die vor oder zumindest zeitgleich mit dem Eintrainieren der klassischen naturwissenschaftlichen Begriffswelten nötig wäre.

2. Vergleichende Studie

1. Das Kernstück der Methodik und der Sinn der Studie

Das Kernstück der Methodik wurde beschrieben als das Drosseln des allgemeinen und alltäglichen ‹Denkvorganges bis zum zeitweiligen Stillstand zugunsten einer gerichteten Vertiefung des Wahrnehmungsvorganges› mit der Vorgabe, dass die Richtung der Vertiefung in die ätherisch-lebendige Ebene führt und dort Bilder, sogenannte Imaginationen, entwickelt. Man kann nun diese beiden Aussagen ganz verschieden auffassen, man kann sich ihnen auf ganz verschiedene Art gegenüberstellen.

Man kann diese Aussagen und damit eigentlich die ganze Methodik so aufnehmen, dass man sagt: ‹Nun gut, die Übungsanleitungen der Methodik stehen für sich, genauso wie eine Experimentieranleitung im naturwissenschaftlichen Betrieb. Ich probiere aus und werde sehen!› Man kann dann zur Beobachtung der beschriebenen Phänomene kommen und sich dann fragen: Wie benenne – und verstehe – ich diese Phänomene, zum Beispiel den (physisch nicht sichtbaren) Vorstellungsraum oder die gestaltenden Denkkräfte usw.? Welche Beziehungen haben sie zu anderen Phänomenen? Man könnte Eigenschaften beschreiben, Gesetze finden und Namen geben, völlig unbelastet von irgendwelchen Voraussetzungen, unberührt von traditionellem Vorwissen, sie frei im Bewusstseinsraum entstehen lassen. Ungeachtet der Frage, ob das sinnvoll, nützlich oder sozial verträglich oder anderweitig bedenklich ist, wäre das ein sicherlich ordentliches, diszipliniertes und auch erkenntnistheoretisch außerordentlich fruchtbringendes Vorgehen, wenn man sich des Vergleiches mit anderen Übungssystemen und deren Theorie über eine weite Strecke zunächst enthält.

Eine ganz andere mögliche Haltung ist, dass man sich – die Worte der Vorbemerkung und der Einleitung der Studie hinzunehmend – sagt: ‹Nun gut, die Methodik beansprucht, im anthroposophischen Kontext zu stehen. Jetzt ist noch zu sehen, ob sich das nach entsprechender Recherche im Gesamtwerk Rudolf Steiners bewahrheitet.›

Dieser zweiten Auffassung entgegenzukommen ist diese Studie gewidmet. Sie soll an einigen Beispielen eine solche Prüfung vorführen. Deshalb sollen die beiden oben vorangestellten Aussagen nun mit Aussagen Steiners zusammengestellt werden.

2. Die Drosselung des Denkens bis zum Stillstand

Die Frage erhebt sich: Wie kann es irgendeinen Sinn ergeben, die ‹Krone der menschlichen Fähigkeiten›, sein bevorzugtes und vorzügliches Mittel, die Welt zu begreifen und sich ihrer erfolgreich – aus bestimmter Sicht jedenfalls – zu bemächtigen, zu drosseln und gar ganz zu unterbinden? Die Begründung wurde innerhalb der ‹Methodik›* grundsätzlich schon gegeben mit dem Hinweis, dass ein Wahrnehmungsorgan selbstlos sein muss, um wahrnehmen zu können. Es geht letztlich aber auch um eine Steigerung der Fähigkeiten des Denkens, denn nach der Vertiefung der Wahrnehmung ist das Denken wiederum aufgefordert, die neuen Wahrnehmungsinhalte zu verarbeiten. Die Praxis zeigt, dass es an dieser Stelle überraschenderweise durch die un-

* Methodik, Abschnitt 24.

gewöhnliche Natur der neuen Wahrnehmungen oft überfordert ist, und es mit dem Bilden angemessener Begriffe schwer hat.

Trotzdem ist die Forderung nach Beschränkung bis hin zum Stillstand des Denkens unerlässlich, zumindest für diesen methodisch geführten Weg. Die entsprechende Formulierung bei Steiner hört sich folgendermaßen an:

«Wir schalten das Denken aus, indem wir also intensiver als sonst, wo wir den Wahrnehmungsinhalt durch die Vorstellungen abschwächen, nun den ganzen Wahrnehmungsinhalt hereinnehmen und uns mit ihm erfüllen.» (7/152)*

Dieser Satz kann dem Inhalt nach als identisch mit dem Kernsatz der ‹Methodik› verstanden werden.** Es liegt nur eine weitere Aussage darin, die erklärt, warum in der Folge eine Vertiefung der Wahrnehmung überhaupt stattfinden kann: Weil wir die Wahrnehmung stärken, indem wir die Schwächung, die durch das Einfließen-Lassen von Vorstellung in sie erzeugt wird, beseitigen.

In der Methodik wurde darauf hingewiesen, dass das Ausschalten des Denkens nicht ohne Weiteres zu bewerkstelligen ist.*** Der ganze Umfang der Methodikdarstellung ergibt sich eben aus den wirklich praktischen Problemen. Die Frage ist nun, welchen praktischen Weg Steiner angibt. Die Durchsicht des 7. und 8. Vortrags (GA 322) ergibt einen nicht minder komplexen und zunächst völlig undurchschaubaren Zusammenhang. Im siebten Vortrag ist der oben angeführte Satz 152 durch die Sätze 143 bis 146 eingehender erläutert. In diesen vier Sätzen ist eine durchaus komplizierte Methodenbeschreibung eingeschlossen:

- Zunächst geht es darum, durch das Durcharbeiten der *Philosophie der Freiheit* das gewöhnliche Denken zum reinen Denken

* Vortrag/Seite (GA 322).

** Studie: 1. Das Kernstück der Methodik.

*** Methodik, Abschnitt 3.

zu verfeinern. Steiner beschreibt das reine Denken als ein Denken, in dem sich das Ich halten kann, in dem das Ich leben kann. Es geht also um ein Verhältnis von Denken zu Ich.

- Dann geht es darum, das Denken ‹dem Ich zu überlassen› und es damit von dem Wahrnehmungsprozess auszuschalten. Dies heißt, die Vorstellungen herauszuheben aus dem Verarbeitungsprozess der Wahrnehmungen.
- In der Folge kann nun die Wahrnehmung selbst direkt in den Leib hineinziehen. In den weiteren Sätzen 147 bis 151 wird, dies erläuternd, beschrieben, wie Goethe die ersten Schritte in diese Richtung zu seiner Zeit bereits geleistet hatte, wie er die Wirkung zum Beispiel einer Farbe nicht nur aus dem üblichen Wahrnehmungsvermögen erlebte, sondern mit dem ganzen Menschen empfand. Der Satz 152 fasst dies zusammen.
- Im nächsten Satz beschreibt Steiner, dass dieses Sich-ganz-Erfüllen mit dem Wahrnehmungsinhalt dann besonders gut gelingt, wenn diese Inhalte mit symbolischen, mit bildhaften Vorstellungen aufgefasst werden, aber eben unter Umgehung der Gedanken.

In diesem Zusammenhang und vor allem noch im nächsten Vortrag wird der Begriff ‹Vorstellung› von Steiner in zwei unterschiedlichen Bedeutungen gebraucht, deren Unterschied entscheidend für den Sinnzusammenhang ist. Zum einen die Vorstellung als *Äußerungsform von Begriffen*, also die begriffliche Vorstellung des Denkens, zum anderen *die willentlich erzeugte symbolische oder bildliche* Vorstellung, ein ‹Kunstprodukt›. Die erste Art von Vorstellung muss weichen, weil sie die Wahrnehmung schwächt, die zweite soll den Verinnerlichungsprozess der Wahrnehmung verstärken, der Unterschied ist also denkbar groß.

Im achten Vortrag fasst Steiner diesen Weg noch einmal ganz deutlich in den Sätzen 48 bis 57 zusammen. Anschließend an diese Zusammenfassung können wir den Übungsweg aus *Grenzen der Naturerkenntnis* Schritt für Schritt charakterisieren und mit den Schritten der ‹Methodik› vergleichen. In einer Übersicht sollen die beiden Vorgehensweisen neunfach gegliedert werden, wobei es für die Einteilung in neun Schritte keine strenge Notwendigkeit gibt, es könnten auch *einige Schritte zusammengefasst* und andere *weiter differenziert* werden.

3. Die Methode Rudolf Steiners in *Grenzen der Naturerkenntnis*

1) Die Seele erlernt das reine Denken, in dem sich das Ich halten kann, im Durcharbeiten der *Philosophie der Freiheit*.
2) Die Seele ‹erkraftet› sich an dem Durcharbeiten der *Philosophie der Freiheit*.
3) Mit dieser Kraft kommt die Seele in die Lage, das Denken dem Ich zu überlassen.
4) Das Ich unterbindet das Intervenieren, das Durchstrukturieren und damit das Schwächen der Wahrnehmung durch Begriffe.
5) Die reine Wahrnehmung wird in die eigene Leiblichkeit hineingezogen.
6) Der übersinnliche Teil der Sinneswahrnehmung trifft auf den übersinnlichen Teil des Leibes und bewegt diesen.
7) Die Änderungen in den übersinnlichen Teilen des Leibes werden von Bewegungs-, Gleichgewichts- und Lebenssinn wahrgenommen.
8) Willkürlich erzeugte Vorstellungsbilder unterstützen den Vorgang, der die übersinnlichen Teile der Sinneswahrnehmung zur Imagination bringt.

9) Der übersinnliche Teil der Wahrnehmung wird als Imagination wahrgenommen.

4. Das Vorgehen der Methodik ‹Bildekräfteforschung›

1) Die Seele erlernt das reine Denken, in dem sich das Ich halten kann, als Kulturleistung bei gestärkter Ich-Präsenz.
2) Die Seele ‹erkraftet› sich an der Selbstbeobachtung des Denkens.
3) Die ‹Erkraftung› der Seele ermöglicht die Wahrnehmung der übersinnlichen Tatsachen des Denkens in Vorstufen der Imagination.
4) Der Ich-Wille erlernt die Beeinflussung (Lenkung) des Denk-Willens.
5) Das Ich lernt dadurch, das Intervenieren, das Durchstrukturieren und damit das Schwächen der Wahrnehmung durch Begriffe zu unterbinden.
6) Die reine Wahrnehmung wird mit der eigenen Leiblichkeit in Berührung gebracht.
7) Der übersinnliche Teil der Sinneswahrnehmung trifft auf den übersinnlichen Teil des Leibes und bewegt diesen.
8) Die Änderungen in den übersinnlichen Teilen des Leibes werden von Bewegungs-, Gleichgewichts- und Lebenssinn wahrgenommen.
9) Durch allmähliches Verdichten der Lebendigkeit des übersinnlichen Teils der Wahrnehmung erscheinen diese sichtbar als Imagination.

Im Folgenden soll die Methode Steiners, die er in dem Zyklus *Grenzen der Naturerkenntnis* angegeben hat, abgekürzt werden mit *Methode GN* und die Methode der Bildekräfte-Forschung, wie sie in der ‹Methodik› niedergelegt ist, mit *Methode BF.*

Die einzelnen Schritte lassen sich bei der Gegenüberstellung zwecks Vergleich nicht immer genau parallelisieren. Der 3. Schritt GN ist mit dem 3. und 4. Schritt BF gemeinsam zu vergleichen, ebenso der 8. und 9. Schritt GN mit dem 9. Schritt BF. Zur besseren Übersicht soll die Tabelle am Schluss dieser Arbeit dienen (Abschnitt 24).

Man bedenke dabei, dass diese Einteilungen durchaus etwas Willkürliches beinhalten, sie könnten auch ganz anders ausfallen. Sieht man den organischen Zusammenhang der einzelnen Schritte, wie sie sich in Abhängigkeit voneinander gegenseitig bedürfen, wie sie auf mehreren Ebenen gleichzeitig miteinander und ineinander verflochten sind, ist eine solche Gliederung völlig überflüssig. Sie hat nur den Zweck, die vielen Andeutungen, aber auch genauen Hinweise, die sich als Übungsaufforderungen verstehen lassen, aus der komplexen Verschachtelung der gehaltenen Rede – es handelt sich bei diesen Zitaten im Wesentlichen ja um Vorträge (mit der wichtigen Ausnahme der Zitate aus der Schrift *Kosmologie, Religion und Philosophie*, GA 25; siehe unten, Abschnitt 22: «Vergleich der beiden Methoden») – herauszulösen und zu ordnen. Dies scheint unbedingt nötig, um Einzelheiten der Methoden aufzeigen und miteinander vergleichen zu können.

Beginnen wir mit der Besprechung des ersten Schrittes der Methode GN.

5. Der erste Schritt der Methode GN

Das Studium der Philosophie der Freiheit und das ‹reine Denken›

Im achten Vortrag (GA 322) beschreibt Steiner ausführlich und eindringlich, was er von einem Studium der *Philosophie der Freiheit* erwartet.* Er betont die innere Denktätigkeit, «... *um fortwährend aus dem Eigenen heraus von Gedanke zu Gedanke fortzuschreiten*», dass «*immer mit gedanklicher Mitarbeit des Lesers gerechnet wird. Und es ist ferner gerechnet mit demjenigen, was aus der Seele wird, wenn sie eine solche Gedankenarbeit mitmacht*». Das Ergebnis soll sein, dass der Leser «... *gewissermaßen herausgehoben ist aus seinem gewöhnlichen Vorstellen in ein sinnlichkeitsfreies Denken, in dem man sich ganz bewegt, sodass man erfühlt, wie man in diesem Denken frei geworden ist von den Bedingungen der Leiblichkeit* ...» (8/22–25)

Menschen, die mit der *Philosophie der Freiheit* arbeiten, stehen nun oft vor dem Problem, dieses sinnlichkeitsfreie Denken, oder auch reines Denken genannt, zu identifizieren, zu erkennen. Sie stehen vor dem Problem, den Erfolg ihrer Bemühungen zu beurteilen.

Der Philosoph Renatus Ziegler beschreibt das Problem so: «Die Untersuchung des Denkens im III. Kapitel [der *Philosophie der Freiheit*, D.S.] widmet sich von vornherein dem *reinen Denken*. Auf die Stufe des Vorstellens, der Einfälle, der Intuitionen im gewöhnlichen Wortsinne, der Assoziationen etc. geht Steiner nicht ein. Er zeigt im Rahmen des Werkes *Die Philosophie der Freiheit* keinen expliziten Weg, wie man von dieser Vorstufe, dem Gedanken oder Gedankenbilder haben, zum reinen Denken kommen kann. Es finden sich nur wenige Hinweise und

* Zu den beigefügten Satznummern siehe die Vorbemerkung.

Abgrenzungen zu dieser Vorstufe (...). Im Kontext des III. Kapitels bietet dies kein grundsätzliches Problem, da diese Vorstufen des reinen Denkens nicht prinzipiell aus der Untersuchung ausgeschlossen sind. Sie fallen in den Bereich der Beobachtungen, insofern es sich um bloß auftretende und nicht selbstständig hervorgebrachte Erfahrungsinhalte handelt (...). Auf der anderen Seite stellt dies für manche Leser und Leserinnen eine große Hürde dar: Es ist mit Selbstverständlichkeit von etwas die Rede, das nicht mehr zu einem verbreiteten Kulturgut der gegenwärtigen Menschheit gehört. Erüben kann man es jedoch gerade an dem Text dieses Werkes selbst ...»*

Der Philosoph Marek B. Majorek beschreibt das Problem so: «Rudolf Steiner weist wiederholend darauf hin, dass er in seiner ‹Philosophie der Freiheit› darum bemüht ist, das reine Denken zu charakterisieren. Man würde deshalb erwarten, dass man in dem Buch selbst mehrere ausführliche Passagen zu dem Thema finden würde. Sucht man aber im Text der ‹Philosophie der Freiheit› nach dem Ausdruck ‹reines Denken›, so sucht man fast vergebens. Er erscheint nämlich nur zweimal. Was soll man daraus schließen?»**

Nun ist es Renatus Ziegler zu verdanken, dass er in seinem Buch *Intuition und Ich-Erfahrung* demjenigen, der innerhalb des «Stoffgebietes der ‹Philosophie der Freiheit›» üben will, insbesondere auch dem, der das reine Denken sich erarbeiten will, mit Beschreibungen und Beispielen entgegenkommt, ihm dafür ein breites, gut erklärtes und sicher fundiertes Übungsfeld eröffnet. Im Verlauf des Buches werden alle Begriffe und Arbeitsformen, die in der *Philosophie der Freiheit* vorkommen, intensiv durchdrungen, dabei auseinandergelegt und wieder zueinander in Beziehung gebracht, in folgerichtiger Übersichtlichkeit und Darstellungsklarheit.

* (1) Seite 396 f.

** (2)

Es ist nun zunächst verwunderlich, von Marek B. Majorek (2) Einwände gegen dieses Vorgehen zu hören: Er führt aus, dass bei zu strenger Schärfe der Begriffsdefinition zu Beginn einer Untersuchung deren Inhalte zu eng ausfallen können und damit nicht mehr der vollen Wirklichkeit entsprechen. Es ist in Majoreks Darstellung nicht gleich ersichtlich, worin das Berechtigte dieses Einwandes liegt. Erst aus dem zweiten Teil seiner Ausführungen wird verständlich, für welchen Aspekt Majorek die Beschreibung des Begriffes ‹reines Denken› offenhalten will. Diesen hat er im ersten Teil kurz erwähnt: «Versucht man die Fülle der Äußerungen Rudolf Steiners zu diesem Begriff zu umreißen, so kann man von drei großen Themenkreisen sprechen: erstens das reine Denken als ein reines seelisches Konstruieren, das man am Beispiel des Mathematisierens am besten erfassen kann; zweitens das reine Denken als der Träger der Handlungsfreiheit des Menschen; und *schließlich drittens das reine Denken als die anfängliche Form der Hellsichtigkeit.* [Hervorgehoben durch D.S.]»

Wolfgang Schad hat in seiner Arbeit zur Bestimmung des Begriffs «Goetheanismus» deutlich dargestellt, dass Widersprüchlichkeiten in der Benutzung bestimmter Begriffe für Steiner ein Mittel waren, um die Begriffe offenzuhalten.* Steiner selbst spricht auch vom «Sprengen der Begriffe». Das oben angeführte Beispiel zum Inhalt des Begriffs ‹Vorstellung› zeigt, wie gegensätzlich üblich angenommene Inhalte ausfallen können.** So verwundert auch nicht die Tatsache, dass einerseits Majorek anhand von Zitaten aus Steiners Werk den Aspekt der ‹anfänglich übersinnlichen Natur des reinen Denkens› herausstellen kann, andererseits Steiner im Zyklus *Grenzen der Naturerkenntnis* formuliert:

«Und nun setzten wir voraus, jemand käme einfach innerhalb des gewöhnlichen Bewusstseins dazu, diese ‹Philosophie

* (3)

** Studie: 2. Die Drosselung des Denkens.

der Freiheit› in der Art durchzuarbeiten, wie ich das eben beschrieben habe, dann kann er *natürlich nicht* [hervorgehoben durch D. S.] sagen: er sei irgendwie in der übersinnlichen Welt darinnen. Denn diese ‹Philosophie der Freiheit›, ich habe sie ganz absichtlich so geschrieben, wie sie geschrieben ist, weil sie zunächst als ein rein philosophisches Werk vor die Welt hintreten sollte.» (8/35)

Das (scheinbare) Problem der Widersprüchlichkeit setzt sich in der Arbeit von Renatus Ziegler fort: Obwohl alle entscheidenden Begriffe und Inhalte seiner Darstellung (Begriff, Form, Denkinhalt, Bewusstsein, Denkakt, Intuition, Fantasie etc.) fast ausschließlich übersinnlicher Natur sind, springt dem Leser das Faktum der übersinnlichen Natur an keiner Stelle des Werkes direkt entgegen. Es kann sein, dass man, ebenso wie bei der Durcharbeit der *Philosophie der Freiheit*, das Gegebene der Übersinnlichkeit der Gedankenarbeit verschläft, obwohl man Hals über Kopf darinnen steckt, und zwar in feinster, differenziertester und tiefster Weise. Die Arbeit von Renatus Ziegler ist eine Arbeit mitten in den höheren Stufen des Übersinnlichen (Ebene der Intuition), aber das offenbart sie nicht nach außen; nach außen ist sie philosophisch. Aus einer bestimmten Perspektive greift also Steiners obige Aussage wieder, und Majoreks Einwand bekommt Gewicht.

Worauf mag es nun ankommen beim Einüben des reinen Denkens und dem Studium der *Philosophie der Freiheit?* Für den Zusammenhang des Methodenvergleichs spielt Steiners Formulierung «*... bis zu jenem reinen Denken, in dem das Ich leben kann, in dem das Ich sich halten kann*» die klärende Rolle (7/144). Wenn das Denken eine innere Beweglichkeit einerseits und eine Lösung von irdischer Gebundenheit erfährt, das heißt wenn das Denken befreit wird von den Zwängen und Notwendigkeiten, die die Sinneseindrücke aus der Wahrnehmung der Erdenverhältnisse dem Denken aufbürden wollen und das Denken daraufhin weiterhin in sich selbst gesetzmäßig, aber nun nach freier Wahl, Gedankenfolgen entwickeln kann, dann kann sich das Ich darin halten, ja frei bewegen, das heißt darin «leben». Die Folge davon ist ein Empfinden von Freiheit innerhalb von Gesetzmäßigkeiten. Ein anderes Empfinden ist das Auftreten eines spielerischen Elements inmitten von strengen Gesetzen. Die Gesetze verlieren ihren eingrenzenden Charakter und sind nunmehr Leitfäden für Sinnhaftigkeit, auf denen das Ich spielen kann wie auf Saiten eines Instruments.

(Ein Weg zu diesem befreiten Denken mag aus folgendem Scherz unter Wissenschaftlern vorsichtig hervorleuchten: Ein Ingenieur, ein Physiker und ein Mathematiker streiten um die Frage, welche Form ein Zaun haben muss, um die größtmögliche Fläche einzuschließen. Der Ingenieur entscheidet kurz und bündig: Ist doch klar, der Zaun muss rund sein, die runde Form schließt die meiste Fläche ein. Der Physiker antwortet verschmitzt: Nein, im Gegenteil, er muss ganz gerade sein! Ganz gerade! Und wenn der Zaun dann einmal um die ganze Welt gelaufen ist, hat er die halbe Erdoberfläche eingezäunt, mehr geht nicht. Mit überlegener Ruhe antwortet der Mathematiker: Natürlich geht noch mehr, weit mehr! Ich ziehe den Zaun um meine Füße und definiere den Platz, auf dem ich stehe, als außen!)

Ist es nun wirklich so, wie Ziegler schreibt: «Er [R. Steiner, D.S.] zeigt im Rahmen des Werkes *Die Philosophie der Freiheit* keinen expliziten Weg, wie man von dieser Vorstufe, dem Gedanken oder Gedankenbilder haben, zum reinen Denken kommen kann»?* Der Autor kann diesem Satz nur zustimmen, wenn die Bestimmung «explizit» hervorgehoben wird, denn implizit ist dem III. Kapitel der *Philosophie der Freiheit* die beste und strengste Wegleitung zum reinen Denken enthalten, und so kann er Zieglers Hinweis «Erüben kann man es jedoch gerade an dem

* (1) S. 396 f.

Text dieses Werkes selbst ...» nur ausdrücklich zustimmen. Weil Einzelheiten dieses Weges für den Methodenvergleich wichtig sind, sollen einzelne Schritte genauer charakterisiert werden.

Was wäre in diesem Zusammenhang ein expliziter Weg im Unterschied zu einem impliziten? Nun, der explizite müsste sprachlich erklärt dargestellt werden, Sein und Nichtsein des reinen Denkens müssten differenziert werden, Beispiele müssten aufgeführt, Übungen angegeben werden. So gesehen existiert keine Wegleitung zum reinen Denken.

Der implizite ergibt sich direkt in dem Maße, wie von dem alltags-üblichen ‹Darüber-Hinweglesen›, durchaus mit Sinn und Verstand, Abstand genommen wird und in die Gedankenfolge so eingetreten wird, dass jeder Satz geprüft wird auf ‹stimmt› bzw. ‹stimmt nicht› oder ‹kann ich nachvollziehen› oder ‹sehe ich anders, weil ...› oder ‹kann ich zustimmen bzw. nicht›. Die ganze Folge von Gedanken entspringt vom Anfang bis zum Ende der Tätigkeit des reinen Denkens, und der Leser kann durch Mitvollzug das Gleiche tun, solange er sich prüfend und kritisch verhält.

Dann aber ist in der Gedankenfolge des III. Kapitels ein ungemein pädagogischer Zug zu bemerken. Ein großer Bogen wird gespannt: Der Leser wird abgeholt an der Situation einer schlichten Beobachtung (Bewegungsablauf gestoßener Billardkugeln), dann wird der Gedanke der Trennung von Wahrnehmung und Begriff gleichsam stufenweise verdichtet, bis es durch die Aussonderung der Wahrnehmung aus dem Denkvorgang zur reinen Ich-Bestimmung im Erkennen kommt. Was hier so abstrakt geschildert wird, hat im praktischen Nachvollzug seltsame Wirkungen: Indem man den in diesen Gedanken innewohnenden logischen Notwendigkeiten loyal folgt, kann man erleben, wie bei zunehmender Verdichtung bzw. Wiederholung des Gedankens von *«der Trennung der Wahrnehmung vom Begriff»* im Kopf eine Bewusstseinsverschiebung stattfindet, die sich in zwei Richtungen vollzieht. Die eine geht von vorne (Gesichtsfeld) nach hinten (Hinterkopf) und die andere von innen nach oben bis etwas über den Kopf hinaus. Innerhalb des Bewusstseinsfeldes, des Schauplatzes der Erkenntnis (Steiner), findet eine Konzentrationsverlagerung statt, bis man den Eindruck gewinnt, etwas außerhalb, über dem Kopf, sich aufzuhalten. Geschieht dies maßvoll, ergibt sich eine gut auszuhaltende Perspektive des ‹Überblick-Habens›, wenn vielleicht auch nur für kurze Zeit. Eine andere Möglichkeit ist die Bewegung seitlich etwas über den Kopf hinaus mit derselben Wirkung des überblickenden Zuschauens, nur eben von der Seite. Insgesamt sind diese Bewegungen und ihre Wirkungen aber so zart, dass man sie auch leicht verpassen oder verschlafen kann.

Folgt man in dem Kapitel, in dem der Satz des Cartesius ‹Ich denke, also bin ich› besprochen wird, jedem Satz einzeln und folgt der Suche nach dem einzig festen Punkt im Erkennen, dem Punkt, von dem aus ich erst die radikale Frage entscheiden kann, ob die Wahrnehmungswelt Wirklichkeit oder Traum ist, so kann dies wiederum eine eigenartige Wirkung hervorbringen: Es ist so, als würde man auf sein eigenes Ich zugehen und beide, man selbst und das eigene Ich, daran erkraften. Das gleicht der Situation, die Steiner in dem Buch *Die Schwelle der geistigen Welt* beschreibt, wenn der Mensch während des Aufenthalts in der elementarischen Welt zum Zwecke des Gleichgewichts gegenüber der wachsenden Kraft der Hingabe die Stärkung durch das erkraftende eigene Ich braucht und die Suche danach als den Impuls ‹ich will mich› beschreibt. Wörtlich: «... den Trieb, sich zu sagen: ich *will* auch ganz *nur* für mich; nur *in mir* sein. Und durch eine Art *Willensentfaltung* ...» [kursiv wie im Original].*

Sinngemäß und wirklichkeitsgemäß ist das durchaus zu vergleichen, denn die Ausnahmesituation der Selbstbeobachtung des Denkens (R. Steiner) ist ein Aufenthalt in der elementari-

* GA 17, Ausgabe 1972, S. 56, Kap. «Von dem Ich-Gefühl ...»

schen Welt, wenn auch in dem eigenen, das heißt persönlichen Teil, dem individuellen Ausschnitt aus dieser Welt.

Man kann also wirklich sagen, dass in der *Philosophie der Freiheit* der Weg implizit enthalten ist, «*... es bis zum reinen Denken zu treiben, bis zu jenem reinem Denken, in dem das Ich leben kann, in dem sich das Ich halten kann*» (7/144). Und es ist möglich zu erleben, dass man «*... gewissermaßen herausgehoben ist aus seinem gewöhnlichen Vorstellen in ein sinnlichkeitsfreies Denken, in dem man sich ganz bewegt, sodass man erfühlt, wie man in diesem Denken frei geworden ist von den Bedingungen der Leiblichkeit ...*» (8/25).

Obwohl erst später ausführlich darauf eingegangen werden kann,* soll hier ein Sachverhalt beschrieben werden, der für den Methodenvergleich wichtig ist. Es geht um zwei unterschiedliche Bestimmungen des Begriffes ‹Leib›. Der Begriff ‹Leib› kann so verstanden werden, dass nur der physisch-sinnliche Anteil ohne seine übersinnlichen Anteile gemeint ist. Das ist der physische Leib, eigentlich nur ein Teil-Leib der menschlichen Wesenheit. Diese Bestimmung ist die landläufige.

Die andere Bestimmung umfasst neben dem physischen Teil auch die übersinnlichen Leibesglieder des Menschen: Ätherleib und Astralleib, zusammen eine vollständige Leibeshülle für die Seele und den Geist des Menschen.

Die Unterscheidung dieser zwei Bestimmungen ist wichtig für das Verständnis der Aussage ‹leibfrei› bzw. ‹außerhalb des Leibes›. Denn: Nach der ersten Bestimmung kann sich das reine Denken tatsächlich aus dem Leib herausheben – aus dem physischen Leib. Nach der zweiten Bestimmung tut es dies nicht – trotz seiner Distanz zum physischen Leib. Das reine Denken verbleibt in einer Mischsphäre von Ätherleib und Astralleib, wobei Voraussetzung ist (und dies ist naturgemäß gleichzeitig Be-

* Insbesondere Studie 22: Vergleich der beiden Methoden.

dingung für das intensive reine Denken), dass sich das Denken so erkraftet hat, dass der Ätherleib, in dem es sich bewegt, vom physischen Gehirn unabhängig geworden ist und auch über die physischen Grenzen des Kopfes ein Stück hinausgewachsen ist, selber etwas größer ist als der Kopf.

Die Entwicklung dahin ist eine Frage der Kraft, eventuell von Geburt an als Anlage mitgebracht oder die Folge ausdauernder Übung oder beides. Für den Erfolg von Übungen ist aber der Inhalt und die Form solcher Übungen entscheidend, denn nicht jede formal logische Gedankenfolge führt zu den gewünschten Ergebnissen, wie das folgende Kapitel eindrücklich zeigt.

6. Der erste Schritt der Methode BF

Die Seele erlernt das reine Denken,
in dem sich das Ich halten kann, als Kulturleistung
bei gestärkter Ich-Präsenz

Im Gegensatz zu dem, was im 1. Schritt der Methode GN für den Weg des Wissenschaftlers von Rudolf Steiner als Voraussetzung angegeben ist, das Studium der *Philosophie der Freiheit* und damit das Einüben des reinen Denkens, ist in der Methode BF dieses Einüben zwar auch als erster Schritt angegeben, es existiert aber zunächst keine spezielle Übungsanleitung für das ‹Trainieren› dieser Fähigkeit. Als Grund dafür werden die Verhältnisse der modernen Zivilisation angesehen, die den Menschen im westlich orientierten Kulturbereich (und nun in rasch zunehmender Weise auch in den östlichen Kulturkreisen) heute in eine andere Situation stellen, als sie noch vor einem Jahrhundert anzutreffen war.

Obwohl es an willentlich geführtem reinem Denken an unzähligen Stellen fehlen mag, ist doch die Fähigkeit, allgemein zunächst abstrakt, dann aber folgerichtig rein gedanklich in der Seele zu arbeiten, größer als früher. Vor einem Jahrhundert, auch noch vor fünfzig Jahren, waren die Gedanken in unserem Kulturkreis wesentlich mehr begleitet, durchsetzt und auch bedrängt von Gemütsbewegungen, die die herrschenden sozialen, kulturellen und traditionellen Werte spiegelten. In erheblichem Maße schreitet seit etwa dreißig bis vierzig Jahren ein Zerfall kultureller und sozialer Werte voran, begleitet von einem Unabhängig-Werden von lokalen Verhältnissen (Mobilität und Medien). Es fallen immer mehr äußere Orientierungspunkte für das eigene Beurteilen, das eigene Handeln weg, auch der Traum, sich auf eine einsame, naturbelassene (‹Heile-Welt›-) Insel retten zu können, ist heutzutage ausgeträumt, ist absurd geworden.

Ganz entscheidend wächst die Notwendigkeit, sich selbst, auf eigene Gedanken gestützt, Orientierungshilfen zu schaffen. In einem nicht zu vergleichenden Maß sind die Menschen auf sich selbst zurückgeworfen und auf die Frage, was «ich eigentlich will».

Auch wenn diese Zivilisationsbewegung im Einzelnen, im Detail besehen, chaotisch und willkürlich in Erscheinung tritt, scheint das, was Rudolf Steiner als Übungsweg für einen freiwilligen Ansatz des Einzelnen angeboten hat, heute für viele Menschen eine Notwendigkeit, etwas von ihnen Abgefordertes zu werden. Das Zurückgeworfen-Werden auf sich selbst ist elementarer Bestandteil dieser Entwicklung, auch wenn wirtschaftliche Interessen das entstandene Orientierungsvakuum mit allen Mitteln und ohne Unterlass für ihren Gewinn ausgestalten wollen.

«Sind wir eine Kultur von Ichlingen?», schreibt an einer Universität ein Professor auf seine Seminarankündigung!

Insofern wird im ersten Schritt der Methode BF von anderen Voraussetzungen ausgegangen als in der Methode GN. Es wird mit der größeren Fähigkeit – aber nicht unbedingt mit dem sinnvollen aktuellen Einsatz – des Menschen zum reinen Denken gerechnet und von einer wesentlich aktuelleren Präsenz der Ich-Kraft, wie chaotisch das im Einzelnen auch in Erscheinung treten mag.

7. Der zweite Schritt der Methode GN

Das Studium der Philosophie der Freiheit und die ‹Erkraftung› der Seele

Was kann man unter Erkraftung der Seele verstehen? Wie kann dieser meist sich im unbewussten abspielende Vorgang in das klare Bewusstseinslicht gehoben werden? Sicher wird es verschiedene Arten der Erkraftung der Seele geben, eine davon soll hier genauer beschrieben werden.

Die Art der Seelenerkraftung, um die es hier geht, hat der Autor am Studium des IV. Kapitels der *Philosophie der Freiheit* erlebt und erlebt sie immer wieder von Neuem, wenn er wiederum in den Text eintaucht, gleichsam wie eine Leibesübung, nur eben in der Seele. Um diesen Vorgang in das klare Bewusstsein rücken zu können, ist ein besonderes Augenmerk auf die Art des Lesens von Texten zu lenken. Wie die Philosophie allgemein zwischen einfacher Perspektive und der sich daran anschließenden Metaperspektive unterscheidet, so kann man auch beim Lesen eines Textes zwischen zwei Fragehaltungen zu den im Text gemachten Aussagen unterscheiden, die diesen zwei Perspektiven entsprechen.

Der einfachen Perspektive, was einen mehr oder weniger komplizierten Gedankengang meint, entspricht das bedingungslose

Eintauchen in die Satzfolge des Textes mit den Fragen zu jeder Aussage: Kann ich sie nachvollziehen? (Ja, nein oder teilweise.) Erlebe ich sie logisch begründet? (Ja, nein, vorläufig nicht, nur unter den Bedingungen, dass ...) Kann ich den Zusammenhalt mit den anderen Aussagen wahren? (Leicht, schlecht etc.)

Der Metaperspektive, die untersucht, worum es bei dem angestellten Gedankengang eigentlich ging, ihn nachträglich in einen größeren oder auch ganz anderen, sinnfremden Zusammenhang hineinstellt, entspricht beim Textstudium die Fragehaltung: Warum hat der Autor gerade hier dieses und jenes ausgeführt? Wo will er mich hinführen? Was ist eigentlich der ganze Sinn des Textes? Habe ich überhaupt etwas begriffen? Warum lese ich diesen Text überhaupt? Warum sollte ich ihn lesen? etc.

Ganz offensichtlich bergen beide Fragehaltungen jeweils Gefahren in sich: Die erste verliert oder verharkt sich in Kleinigkeiten, in Spitzfindigkeiten, in Strenge und Sturheit der absoluten Genauigkeit, die durch innerliche Erstarrung in völligem Widerspruch zu den Aussagen endet. Die zweite kann sich zu weit von der eigentlichen Intention des Textes lösen, der Text wird einer von vielen, wird bedeutungsarm, wie etwas, womit man spielen kann. Der Faden zum Inhalt reißt, Aufmerksamkeit und Interesse gehen verloren.

Demgegenüber liegt im Wechselspiel der beiden Haltungen ein enormer Kraftquell, wobei die natürliche Reihenfolge – erst Perspektive und dann Meta-Perspektive – zu Beginn des Studiums ganz sinnvoll ist. Für das Studium eines Textes bringt die Perspektive das unmittelbare Eintauchen in den Gedankengang, das Erleben der Inhalte, während die Metaperspektive die Bewusstwerdung des Erlebten und eventuell seine Steigerung auf ein höheres Niveau fördert.

Zurück zum IV. Kapitel der *Philosophie der Freiheit* (GA 4). Wie es dem Autor mit dem Kapitel IV ergangen ist und wahlweise auch immer wieder ergeht, soll im Folgenden dargestellt werden. Die Darstellung ist in der Gegenwartsform gehalten, weil die Erlebnisse, die die Seele des Autors immer wieder neu beim Studium dieses Kapitels durchziehen, für ihn keinen Bezug zur Zeit haben, sie wollen den Zug des Historischen, des Vergangenen, des schon einmal Erlebten nicht annehmen.

Bei dem ersten naiven Durchgang – einfache Perspektive – durch das Kapitel tritt, etwa beginnend mit der zweiten Hälfte, ein eigenartiges Begleitgefühl zum Lesen hinzu, das sich deutlich von dem Gefühl absetzt, welches das Studium des ersten Teiles und auch der vorhergehenden Kapitel begleitet. Die Empfindungen, die das Studium des ersten Teiles begleiten, können als sicheres Getragen- oder Angeleitet-Werden beschrieben werden, durch maßvolle, klare, aber auch spannende Gedankenbewegungen, lichtvoll, durchaus ernst und streng. Beim zweiten Teil wandelt sich die Stimmung, schlägt gleichsam um. Es treten Begleitgefühle wie Unwille auf, ein Widerstreben, in den Text weiter einzudringen, Unverständnis über die Notwendigkeit solcher Gedanken macht sich breit, ein Unwohlsein, ein Abweisen. Dies alles aber nicht aus mangelndem Verständnis oder einem Unvermögen, der Logik der Gedanken folgen zu können. Eher ist es umgekehrt, gerade die Logik wird zu etwas Undurchschaubarem, Undurchdringlichem, Abweisendem.

Beim Überschauen des Kapitels aus einigem Abstand (Metaperspektive) ergibt sich folgende Charakteristik: Im ersten Teil führt der Text durch einen mehr oder weniger rhythmischen Wechsel von Beobachtung, Beschreibung, Begriffsbildung, Darstellung von problematischen Denkansätzen oder Theorien, Besprechung derselben und schließlich Gedanken zur Auflösung der angeführten Probleme.* Nun aber, im darauffolgenden Teil, ändert sich das. In diesem zweiten Teil geht Steiner auf eine

* GA 4, Ausgabe 1978, bis Seite 64.

komplexe Problematik ein, die er mit folgenden zwei Sätzen kurz einleitet: «Diese Abhängigkeit des Wahrnehmungsbildes von unserem Beobachtungsorte ist diejenige, die am leichtesten zu durchschauen ist. Schwieriger wird die Sache schon, wenn wir die Abhängigkeit unserer Wahrnehmungswelt von unserer leiblichen und geistigen Organisation kennenlernen.»

Es wird dann im weiteren Verlauf eine für den Alltagsverstand höchst schwierig zu akzeptierende Denkanschauung, der von George Berkeley vertretenen, dargestellt. Diese besagt, dass nichts außerhalb des Wahrnehmungsbewusstseins wirklich existiert, höchstens noch in der Vorstellung Gottes. Das heißt, ein Baum zum Beispiel existiert nur so lange, wie ich ihn wahrnehme, *sonst nicht.*

Nun erwartet man aus dem gewohnten rhythmischen Gang der Gedankenführung in den vorhergehenden Kapiteln, dass in absehbarer Zeit (qualitativ gemeint) eine klärende Ausführung von Seiten Steiners erscheint. Es kommt aber zunächst keine. Die Passage, in der Steiner vom Objekt der Wahrnehmung zum Subjekt derselben überleitet, enthält keine durchgreifende Lösung des Problems. Steiners Aussage *«Die Verkennung des Verhältnisses von Vorstellung* [als Vertreter einer ‹Innenwelt›, D.S] *und Gegenstand* [als Bestandteil der ‹Außenwelt›, D.S.] *hat die größten Missverständnisse in der neueren Philosophie herbeigeführt. Die Wahrnehmung einer Veränderung in uns (...) wurde in den Vordergrund gedrängt und das (...) veranlassende Objekt ganz aus dem Auge verloren»*, mit der diese Passage vorläufig abschließt, hat rein beschreibenden Charakter und keinen logisch begründenden. Sie bringt nichts Konkretes, was die Berkeleysche Logik entkräften kann.

Nun aber das Eigentümliche am Verlauf des zweiten Teils des vierten Kapitels:* Steiner unternimmt in der Folge alles,

* GA 4, Ausgabe 1978, ab Seite 65.

um den Leser, der die Gedanken nachvollziehen will, kompromisslos und bis zur letzten Konsequenz in die problematische Gedankenführung von Berkeley weiter hineinzuführen, geradezu um sein Denken in sie zu ‹versenken›. Nach den eben zitierten Sätzen hebt Steiner an, die ganze Gedankenführung noch einmal von Neuem aufzurollen: *«Man hat gesagt: ...»* Er ergänzt die Berkeleysche Ansicht durch ein Variante von Kant, er zitiert im gleichen Sinne Otto Liebmann, dann Johannes Volkelt aus seinem Buch über Immanuel Kant, er führt die Überlegungen von Eduard Hartmann breit aus, ergänzt diese wiederum durch Überlegungen von Johannes Müller. Steiner selbst beginnt zu referieren: *«Die Physiologie zeigt, dass ...»* und überlässt wiederum Hartmann das Wort. Nach scheinbar endlosen Gedanken, die sich alle in die gleiche Richtung des Zweifels an der Existenz des Objektes (Berkeley) oder zumindest an der Erfahrbarkeit seiner Wirklichkeit (Kant) entwickeln, scheint die aufklärende Lösung nahe, wenn Steiner beginnt:

«Es wird schwer sein, ein zweites Gedankengebäude in der Geschichte des menschlichen Geisteslebens zu finden, das mit größerem Scharfsinn zusammengetragen ist, und das bei genauerer Prüfung doch in nichts zerfällt». Aber nein, keine Lösung, sondern noch einmal eintauchen in den gleichen Gedankengang: «Sehen wir einmal näher zu, wie er zustande kommt. Man geht zunächst ...» Das Ganze wird von Neuem aufgerollt. Und dann der Gipfel des Unerwarteten: «Solange man dabei stehen bleibt, scheint alles in schönster Ordnung. Aber die Sache muss noch einmal von vorne angefangen werden.»*

Jetzt endlich, ganz in der Nähe der Reißgrenze aller Geduldsfäden, kommt die Lösung, wie dieses Gedanken-Kartenhaus zum Einsturz gebracht werden kann. Aber sie kommt nicht gleichsam

* GA 4, Ausgabe 1978, Seite 74.

von außen, etwa durch Korrektur des Denkansatzes oder durch Bloßstellen schwankender, dünner Prämissen. Nein, die Lösung kommt durch nochmaliges Eintauchen in die Sache, jetzt nur so weit getrieben, bis die Unhaltbarkeit der Sache sich aus seiner letzten Konsequenz ergibt: Wenn es keine wirklichen Objekte außerhalb der menschlichen Vorstellungen gibt, wenn außerhalb der Vorstellungen alles unreal ist oder auch nur nicht erforschbar, dann sind alle Vorstellungen über ‹die Vorstellungen›, über die ‹Realität› und über ‹Objekte› und ‹Subjekte› usw. auch nicht real oder nicht erforschbar. Wenn wir überzeugt sind, dass die Optik, die Rezeptoren des Auges und die daran anschließenden Nervenbahnen es nie zulassen, dass wir zu einer objektiven Wahrnehmung eines Objektes kommen, dann sind die Wahrnehmungen von Auge, Rezeptoren und Nervenbahnen natürlich auch nicht objektiv und haben überhaupt keinen Wert. Jetzt fällt das Kartenhaus in sich zusammen, zeigen die Gedanken ihre Unmöglichkeit, indem die Konsequenzen dieser Gedankenführung ihre ureigenen Voraussetzungen zerstören. Man kann auch radikal verkürzt sagen: Ohne Objekte kein Denken.

Aus dieser Charakterisierung des Kapitels IV kann nun die Motivation für einen neuen Angang, für eine vertiefte Perspektive kommen. Dabei kann sich das Leben in den Gedankengängen zum Erleben des Denkens selber verwandeln, zum Denk-Erleben, wie es schon oben, in Zusammenhang mit Kapitel III, beschrieben wurde.

Es geht wiederum um den Stimmungsumschwung, den das Lesen etwa ab der Mitte des Kapitels begleiten kann.* Genauer besehen kann er so beschrieben werden: Statt dass das Ich sich innerhalb des Bewusstseinsfeldes ganz mit dem Denken vereinigt und sich leicht aus dem Inneren des Schädels heraushebt, was von Empfindungen der Leichte, der Souveränität, der Frei-

* GA 4, Ausgabe 1978, ab Seite 65.

heit, des spielerischen Umgangs mit Gedanken begleitet wird, *durchglänzt von einem feinen Lichtspiel,* geschieht jetzt etwas ganz Eigenartiges. Es trennen sich Ich und Denkleben, das Ich tritt zurück aus dem Bewusstseinsfeld, bewegt sich nach hinten wie in eine Absonderung, eine Isolation hinein. Das Denkleben selbst wandert im Bewusstseinsfeld nach vorne etwa bis zur Nasenwurzel und konzentriert sich dort in einer Art Verkrampfung zu einem kleinen undurchdringlichen Punkt. Dieser schwebt in einem Bewusstseinsfeld, welches sich zunehmend verfinstert und nach unten hin abgrundähnlich erweitert. Der erstarrte Punkt der Denkbewegungen, zwanghaft zur Ruhe gebracht und ohne Beziehung zum Ich und zum Gedankenlicht, schwebt in schmerzlicher Einsamkeit und *in Dunkelheit* über einem Abgrund, in banger Sorge um das eigene Überleben. Dieses Erleben spiegelt den Satz wider: Ohne Objekte ist das Denken *in seiner Existenz bedroht*, oder schärfer formuliert: Ohne Objekte hört das Denken auf, wird vernichtet.

Wenn daraufhin die oben beschriebene Gedankenfolge durchlaufen wird, die das Gedankenkonstrukt, das «Gedankengebäude», zum Beweis der Nichtexistenz oder Nichterforschbarkeit der Objektwelt auflöst, dann ist das unmittelbare Erleben des Lebens dieser Gedanken wiederum etwas Eigenartiges: Es ist dieses Erleben wie ein wärmender, lösender, Licht verströmender Sonnenaufgang nach einer ewigen finsteren Nacht.

Es ist hier die Formulierung ‹ewig› nicht übertrieben, da das Erleben von logischen Sackgassen sich auf das Zeitempfinden der mitvollziehenden Seele auswirkt und eine gedankliche Ausweglosigkeit wie ‹ewig dauernd› erlebt werden kann. Die Qualität ‹logisch› unterliegt nicht den Gesetzen der Zeit.

Was hat dieses Erleben zu tun mit der Aussage: Die Seele erkraftet sich an dem Durcharbeiten der *Philosophie der Freiheit*, wie sie weiter oben in der Gegenüberstellung der Methoden getroffen wurde? Das Denken ist ein Teil der seelischen Betätigung des Menschen, und bestimmte Aspekte der Gedankenführung können somit zu einer Erkraftung der Seele führen. Drei solche Aspekte sollen genauer beschrieben werden, wobei es vielleicht sinnvoll ist, sie in mehr qualitative oder mehr quantitative Aspekte zu unterteilen.

Der erste, mehr qualitative Aspekt der Gedankenführung, der für seine Ausdehnung, für sein Wachstum eine Anstrengung, eine Krafterweiterung erfordert, lässt sich erfassen durch die Frage: Wie viele logische oder assoziative Bezüge kann ich gleichzeitig im (geistigen) Auge behalten? Man könnte auch formulieren: ... gleichzeitig im Bewusstseinsfeld erleben? Praktisch heißt das: Wenn ich etwas in Gedanken feststelle, eine Hypothese aufstelle, eine Behauptung, oder aus gegebenen Behauptungen einen neuen Schluss ziehe, wie weit kann ich die Folgen dieser Tat in kürzester Zeit oder gleichzeitig überblicken? Ein Wachstum in dieser Richtung kann man sich als einen Fortschritt von einem langsamen Aufdämmern einer Konsequenz nach der anderen vorstellen, bis zu einem Überschauen eines ganzen Zusammenspiels von Konsequenzen, einem Panorama von Konsequenzen.

Der zweite Aspekt kann bisweilen selten, dann aber wiederholt und auch ganz plötzlich auftreten und zeigt dann eventuell auch seinen ganzen Widerstand gegen seine Beherrschung. Er kann durch die Frage erfasst werden: Wie leicht fällt mir, dem Denkenden, das Ändern von Feststellungen, Hypothesen, Behauptungen oder Schlüssen? Gibt es die Möglichkeit, Gedankeninhalte fließend und gezielt zu ändern, die Richtung von Gedankenfolgen flüssig zu lenken?

Ein Wachstum in dieser Richtung kann man sich vorstellen von einem mühsamen Abwerfen, Überwinden von gewohnten oder liebgewonnen oder hochgeschätzten «Gedankenhaltungen» bis zu einem fließenden Bewegen im «Gedankenmeer», oder etwas sachlicher: zu einem spielerischen Zugriff auf immer neue Gedankenformen.

Ein dritter, sehr einfacher Aspekt, den man mehr einen quantitativen nennen könnte, wird erfasst durch die einfache Frage: Wie lange halte ich das Verfolgen von Gedankengängen überhaupt durch? Eine Erkraftung in dieser Richtung ist leicht vorstellbar.

Wenn wir nun zurückschauen auf das oben beschriebene Erleben im Zusammenhang mit dem IV. Kapitel, dann hat dieses Erleben mit diesen drei Aspekten offensichtlich nichts zu tun. Worum geht es dann? Wie aus der Schilderung deutlich hervorgeht, handelt es sich bei diesem Erleben um ein Durchhalten an – gedanklichen – Existenzgrenzen. Das mitfühlende Einleben in die bezeichneten Gedankengänge nimmt sich aus wie eine Prüfungssituation, ein Grenzerlebnis oder auch eine Zerreißprobe, je nach Beteiligung des Studierenden. Es ist bildhaft gesprochen ein Übersetzen über einen Abgrund, und dieses Übersetzen bedingt, wenn es miterlebt werden kann, eine fundamentale Stärkung der Seele.

So wie jede strengere Prüfung in ihrer überspannten Strenge zwar eine recht künstliche, unrealistische Situation sein kann, bringt sie doch der Seele eine Erkraftung nach einem geglückten Durchlaufen.

Wie kann man das Wachstum der Seele in dieser Prüfung genauer charakterisieren? Man kann es so beschreiben, dass außerhalb der gezeigten Problematik, die das Denken in die Irre, in eine ausweglose Sackgasse führt und die natürlichen Bindungen zwischen Ich, Sinneswahrnehmung und Denktätigkeit zerreißt, eine Kraft etabliert wird beziehungsweise werden muss, die sich unabhängig von dem Sog in die «logischen Abgründe» selbstständig halten kann, ohne den Blick von dem Abgrund abwenden zu müssen. Das Ich stärkt die Seele so, dass ihre Denktätigkeit nicht ganz in der Starre der Ungewissheit und Sinnlosigkeit ersterben muss, sondern ermöglicht ihr eine Art Wiederauferstehung im konsequenten Durchhalten der Prüfung. Das Ich greift der ersterbenden denkenden Seele unter die Arme und trägt sie durch den (Gedanken-)Tod hindurch.

Im Verhältnis zu dieser Art von Stärkung der Seele sollen die anderen möglichen Arten, vor allem die drei oben beschriebenen, nicht unterbewertet werden. Der letzte Aspekt ist nur deshalb hervorgehoben worden, weil er eine bestimmte Beziehung von Ich zu Denktätigkeit verdeutlicht, die sonst auf diese Art selten zu erleben ist, und weil er eine Brücke bilden kann zu dem, was Steiner so vielfältig als die Begegnung mit dem ‹Hüter der Schwelle› bezeichnet hat. Eine solche Begegnung kann sich hier auf ganz unpersönliche Weise in einer Art abspielen, wie sie die Menschheit als Ganzes betrifft.

Insgesamt kommt es auf eine Erkraftung im Seelenleben an, die in ihrer Intensität anmuten kann wie eine Erkraftung im Hochleistungssport. Steiner spart nicht mit Begriffen in diesem Zusammenhang:*

«... kommt man nun wirklich in die Lage, so scharf innerlich seelisch arbeiten zu können, dass ...» (8/52)

Und in Zusammenhang mit weiteren Übungen im Denken (neunter Schritt GN):

«... dadurch kommt man viel eher zu der Kraft, sich ...» (8/54)

«... dann bekommt man eine starke seelische Macht, um ...» (8/57)

«Geistesforschung erfordert weit mehr Arbeit als Laboratoriums- oder Sternwartenforschung. Sie erfordert vor allem eine intensive Anstrengung des Willens.» (8/59 u. 60)

* Zu den beigefügten Satznummern siehe die Vorbemerkung.

8. Der zweite Schritt der Methode BF

Die Seele erkraftet sich an der Selbstbeobachtung des Denkens

Der «Höherentwicklung», oder sagen wir besser, der gesteigerten «Ausdifferenzierung und Handhabbarkeit» des Denkvermögens, so wie sie im ersten Schritte der Methode BF dargestellt wurde, steht eine wesentliche Schwächung und Chaotisierung des Willenslebens gegenüber. Diese ist so beschaffen, dass sie durchaus alle Früchte, die man durch das feinere Denken haben könnte, wieder zunichte machen kann und das auch oft genug tut. Die Kräfte, die natürlichen Begabungen zu nutzen, das Denken in richtigen und guten Bahnen in Gang zu halten, nehmen ab, werden schwach, sind zersplittert und zerfranst. Die Seele gegen alle Ablenkungen, Störungen und gar die Zerstörung ihrer ätherischen Grundlagen zu erkraften tut dringend not.

In der ‹Methodik› wird diese Erkraftung aber nicht über das willentlich gehaltene Denken gesucht, sondern über die Mühen, die die Selbstbeobachtung des Denkens dem Menschen bereitet. Die Selbstbeobachtung des Denkens ist ohne eine philosophische Grundlage, ohne leitenden Text oder Ähnlichem, ist aus dem freien Willensentschluss, aus dem ‹freien Stand› sozusagen, extrem mühevoll. In der Methodik ist das an verschiedenen Stellen erwähnt.

Es ist in den Seminaren, in denen dies angeleitet wird, immer ganz offensichtlich und auffällig, wie groß die Anstrengung der Umlenkung der Aufmerksamkeit vom Inhalt des Denkens auf die Erscheinungsform dieser Inhalte im Denken ist. Ungeübten Menschen stehen die Anstrengungen, die mit den völlig ungewohnten Fragen nach der inneren Arbeitsweise des Denkens verbunden sind, nach wenigen Stunden ins Gesicht geschrieben, obwohl sie in sichtbarer Weise fast nichts tun. Da das Durchhalten solcher Übungen auch eine Frage der Motivation und natürlich auch des Willens ist, ist mit einer Erkraftung der ganzen Seele zu rechnen, also mit der Erkraftung des Denkens, Fühlens und Wollens zusammen. Dass das Verhältnis des Ich zu den Seelentätigkeiten gestärkt wird, ergibt sich ganz notwendig aus der Art der Fragestellungen (= Übungsanleitungen), die die Aufmerksamkeit in Richtungen lenken sollen, die allen Gewohnheiten genau entgegengesetzt verlaufen und im Weiteren eine Umgestaltung der Verhältnisse der Wesensglieder untereinander erfordern. Das heißt auch, das Verhältnis von Denken, Fühlen und Wollen zueinander neu zu gestalten.

Das Umlenken der Aufmerksamkeit in der geschilderten Art kann eigentlich nur das eigene Ich, weil es ihm obliegt, das Wesensgliedergefüge zu beherrschen. Die Ich-Kräfte sind aber in unserer Kultur trotz zunehmendem, teils kraftvollem, teils nur schmerzlich erlittenem Ich-Empfinden insgesamt sehr gering gegenüber der Stärke der anderen Wesensglieder und werden zudem von bestimmten Intentionen unserer Kulturströmungen auch direkt angegriffen. (Dass hier die aktuelle allgemeine Ich-Stärke als gering, im Kapitel 5 aber als relativ stark bewertet wird, liegt an den unterschiedlichen Maßstäben, die aus dem jeweiligen Zusammenhang heraus gebildet sind.) In dieser Hinsicht kommen die Übungen zur Selbstbeobachtung des Denkens auch der Ich-Entwicklung des Menschen entgegen.

(In der Besprechung des IV. Kapitels der *Philosophie der Freiheit* im 2. Schritt der Methode GN habe ich auf die Grenzsituation im Erleben der Inhalte dieses Kapitels IV aufmerksam gemacht. Ich habe auf die Möglichkeit des Wachstums der Ich-Kräfte beim Überstehen dieser «Prüfung» hingewiesen. In einer früheren Darstellung der Methodik [erschienen 2000, siehe Literaturverzeichnis] habe ich eine ebensolche Prüfungssituation geschildert, wie sie meiner Überzeugung nach unter gedankenvoll, philosophisch lebenden Menschen häufiger vorkommt, wenn auch in vielen Teilen halb- oder vorbewusst.)

Ziel der Selbstbeobachtung des Denkens ist das Gewahrwerden der übersinnlichen Natur des Denkens in zarten, vorsichtigen Schritten in einem sicheren, natürlichen und vollkommen vertrauten Gebiet, vorzugweise im mathematischen Denken mit klar überschaubaren Formen. Das führt noch nicht zu Imaginationen, aber zu einem vorläufigen ‹Ertasten› übersinnlicher Verhältnisse auf dem Gebiet des Denkens.

9. Der dritte, vierte und fünfte Schritt der Methode GN als eine dynamische Einheit

Die Vorgänge dieser drei Schritte bilden eine dynamische Einheit, ein folgerichtiges Zusammenspiel dreier Einzelbewegungen im Wesensgliedergefüge des Menschen. Rudolf Steiner drückt dieses kunstvolle Zusammenspiel wie aus einer seitlich zuschauenden Perspektive so aus:

«Die Sinneswahrnehmung mit ihrem Inhalt geht unter in die Leiblichkeit, und es bleibt gewissermaßen darüber schweben das Ich mit dem reinen Gedankeninhalt.» (7/151)

Obwohl man dieses Zusammenspiel vielleicht nicht auftrennen möchte, ist es sinnvoll, zum genaueren Verständnis die drei Bewegungen darin einzeln zu charakterisieren, was gleichzeitig für den Methodenvergleich hilfreich ist. Die drei Schritte sind:

Erster Schritt: Die Seele kommt in die Lage, das Denken dem Ich zu überlassen.

Zweiter Schritt: Das Ich unterbindet das Intervenieren, das

Durchstrukturieren und damit das Schwächen der Wahrnehmung durch Begriffe.

Dritter Schritt: Die reine Wahrnehmung wird in die eigene Leiblichkeit hereingezogen.

10. Der dritte Schritt der Methode GN

Die Seele kommt in die Lage, das Denken dem Ich zu überlassen

Dieser Schritt wird von Steiner nur kurz erwähnt, mit einem halben Satz sozusagen. Aber Entscheidendes muss sich dabei abspielen! Steiner geht vom Studium der *Philosophie der Freiheit* aus:

«Dann kann man, wenn man dieses reine Denken erfasst hat, ein anderes anstreben. Man kann dann dieses Denken, das man jetzt dem Ich überlässt, dem sich frei und unabhängig in freier Geistigkeit fühlenden Ich überlässt, man kann dieses reine Denken vom Wahrnehmungsprozesse ausschalten ...» (7/145 u. 146)

Es ist also etwas zu tun, was gar nicht mehr im Zusammenhang der *Philosophie der Freiheit* zu suchen ist. Es ist etwas zu tun, was nicht mehr lineare Steigerung der Fähigkeiten ist, die man durch das Studium dieser Schrift erwerben kann. Das, worauf es ankommt, ist wie ein Phasenwechsel, oder anders ausgedrückt, wie ein Mündig-Werden des Ich im Denken. Wo vorher ein Denken geübt wird, in dem das Ich sich halten kann, wird das Denken jetzt dem Ich überlassen. Das ist wie ein Umkippen der relativen Verhältnisse einer Situation. Dadurch wird alles etwas ganz anderes. Die Frage ist, was macht denn jetzt das Ich mit dem ihm überlassenen Denken? Diese Frage führt zum vierten Schritt der Methode GN.

Zuvor möchte ich aber bemerken, dass der dritte Schritt (mindestens) zwei Geheimnisse birgt. Das erste Geheimnis betrifft die Frage: Wer handelt? Wer ist ‹man›, der in der Lage ist, dem (das heißt meinem) ‹Ich› etwas zu überlassen?

Das zweite Geheimnis betrifft die einfache Frage: Wie macht man dieses ‹Übergeben›. Das Geheimnis ergibt sich aus dem Fehlen einer genaueren praktischen Hinleitung zu diesem doch entscheidenden Schritt. Vorerst muss man sich begnügen mit dem, was Steiners Aussage hergibt: Man kann jetzt, nach der Handhabung des reinen Denkens, etwas *anstreben* und das, was man anstreben kann, ist etwas *anderes* als das Bisherige.

11. Der dritte Schritt der Methode BF

Die Erkraftung der Seele ermöglicht die Wahrnehmung der übersinnlichen Tatsachen des Denkens in Vorstufen der Imagination

Im zweiten Schritt BF wurde mehr auf die äußere Seite der Selbstbeobachtung des Denkens eingegangen, auf die Aspekte Kraft, Anstrengung und Wille. Das ist ein Schulungsaspekt dieser Übung für sich. Ein anderer Aspekt ist der inhaltliche, ich möchte sagen, der ‹Erfahrungsgewinn› aus der Selbstbeobachtung des Denkens. Dieser Erfahrungsgewinn kann in zwei Richtungen abfließen. Er kann der Erkenntnis dienen, dann wird er zum Erkenntnisgewinn. Oder er dient der Entwicklung von Fähigkeiten, dann wird er zum Fertigkeitengewinn.

Weil es in der Methodik auf das Letztere entscheidend ankommt, wird der ganze Übungskomplex der Selbstbeobachtung des Denkens anders als durch die Anweisung: *Studium* der *Phi-*

losophie der Freiheit angegangen, er wird davon sehr modifiziert angegangen.

In der *Philosophie der Freiheit* ist die Selbstbeobachtung des Denkens an den Gedankengang angeknüpft, sie ist in das Streben des philosophischen Denkens oder in das Denken des Philosophen eingebettet und sucht die Begrenzung des Denkens auf die Inhalte des Denkens gleichsam von innen her zu sprengen. Wie das geschieht und was da geschieht im Übersinnlichen, im Wesensgliedergefüge des Menschen, bleibt zunächst ganz unbewusst, bleibt für den Übenden im Dunkeln. Daraus ergeben sich auch die Rätsel, die im 3. Schritt GN angesprochen wurden.

Die Methode BF versucht, aus dem Übungskomplex der Selbstbeobachtung des Denkens noch mehr zu gewinnen, als das im philosophischen Rahmen zunächst möglich ist. (Es bleibt die Würde der *Philosophie der Freiheit* dabei ganz unangetastet. Steiner hat die Notwendigkeit für diese Form der Darstellung – für diese Einkleidung – genau beschrieben. [8/36 bis 41])

Die Modifikation gegenüber der *Philosophie der Freiheit* entsteht durch eine Frage, die die Beobachtung des Wesensgliedergefüges mit in die Gedankenbeobachtung einbezieht. Was so kompliziert klingt, ist in der Übungspraxis durch eine einfache Frage zu erreichen, die der Frage, wie oder was mein Denken ist, wie es abläuft, hinzugefügt wird. Die zusätzliche Frage, die dann als Angelpunkt für viele weitere Fragen dient, ist: Wo erlebe ich das Denken?

Zu Beginn des Übens kann diese Frage natürlicherweise nur auf den physischen Leib bezogen werden, da im Allgemeinen keine Erfahrungen aus dem Übersinnlichen vorliegen. Aber das Wirkungsvolle dieser Frage entsteht daraus, dass die allerersten Beobachtungen in dieser Richtung unmittelbar über das Physische hinausführen; schon einfache Beobachtungen zur Tätigkeit des bildlichen Vorstellens führen über den physischen Leib hinaus in den Bereich des Ätherleibes. Das gilt völlig unabhängig von der Tatsache, dass dies meist nicht erkannt wird, sondern im Gegenteil diese Beobachtung als selbstverständlich und nicht weiter erklärenswürdig erscheint. Letzteres ist der Fall, obwohl ganz offensichtlich ist, dass kein physikalisches Gesetz auch nur andeutungsweise, auch nicht spekulativ hypothetisch, diese Beobachtung erklären kann.

Ein außerordentlich interessantes Detail der Gegenüberstellung der Methoden GN und BF ist, dass sich hier zunächst ein deutlicher Unterschied zwischen den Methoden abzeichnet. Die Betonung liegt auf ‹zunächst›, weil im Verlauf des 8. bzw. 9. Schrittes sich zeigt, dass dieser Unterschied sich wie durch eine Symmetrie zu einem anderen Unterschied wieder ausgleicht. Dies wird im 9. Schritt BF beschrieben. Hier soll nur allgemein gesagt werden, dass der 3. Schritt BF sich dem Aspekt der Fertigkeiten widmet, indem er Verhältnisse im Wesensgliedergefüge des Menschen zu Bewusstsein bringen soll, mit denen später zielgerichtet gearbeitet wird.

12. Der vierte Schritt der Methode BF

Der Ich-Wille erlernt die Beeinflussung (Lenkung) des Denk-Willens

Gegenüber dem oben erwähnten ersten Geheimnis kann die Formulierung «Der Ich-Wille erlernt die Beeinflussung (Lenkung) des Denk-Willens» als des Rätsels Lösung genommen werden. Ganz allgemein kann man sagen, dass der beschriebene Schritt des Überlassens des Denkens ein Eingriff in das Wesensgliedergefüge ist. Ein solcher kann geordnet aber nur vom Ich ausgehen, wenn man davon absieht, dass höhere geistige

Wesen solche Eingriffe beim Menschen vornehmen oder niedere Wesen in ungeordneter Art ähnliche Vorgänge erzwingen. Die angebotene Lösung ist, dass das Ich nicht nur im Denken leben kann, sondern in noch viel intensiverer Weise im Willen, wenn auch dort viel verborgener. Und doch ist dieser Wille zusätzlich auch noch von außen her vom Ich bewusst ansprechbar und kann daraufhin handeln. Diese Möglichkeit ergibt sich, weil das Ich an vielen Stellen gleichzeitig und an jeder Stelle in unterschiedlichsten Weisen wiederum gleichzeitig wirken kann.

Dieses Ich-Wirk-Erleben anzusprechen ist das Ziel einer Reihe von Übungen in diesem 4. Schritt der Methodik. Die Übungen gehen von der Erfahrung aus, dass das Ich in den drei Seelenbereichen Denken, Fühlen und Wollen unterschiedlich wirken kann und jeweils in diesen Bereichen auch wiederum sehr differenziert anleiten kann. Der 4. Schritt der Methodik kann so umschrieben werden: Das Ich greift vom Denken aus in den Willen motivierend ein, um denjenigen Teil der Willensströme zu beeinflussen, der im modernen Menschen fortwährend in den Kopf drängt, um dort in einer gewissen, schon fast automatisch zu nennenden Art das Denken fortwährend zu Taten anzuregen, oder besser, anzutreiben. Er drängt dazu, auf jegliche Art von Sinneseindruck, Erinnerung oder Assoziation zu reagieren. Ist es erreicht, dass dieser Willensstrom gedämpft wird, kann sich das Ich wiederum aufschwingen und nimmt eine Wächterposition im Denken ein, um den Strom der fortwährend einströmen- oder einstrahlen-wollenden Begriffe aufzuhalten, sie abzufangen.

Die vielen möglichen ständig wechselnden Positionen der tätigen Ich-Kraft lassen eine Perspektive zu, aus der man sagen kann: Man überlasse seinem Ich das (reine) Denken.

13. Der vierte Schritt der Methode GN

Das Ich unterbindet das Intervenieren, das Durchstrukturieren und damit das Schwächen der Wahrnehmung durch Begriffe

Das Ich soll sich ganz verbinden mit dem klaren, scharfen Denken. Und es bekommt eine Aufgabe. Dieses Verbinden soll gewährleisten, dass das Begriffliche nicht in die Wahrnehmung hineinschießt und damit die Wahrnehmung gegenüber dem vollen Sinneseindruck schwächt. Das Ich erfüllt eine Wächteraufgabe. Steiner nennt diesen Vorgang ganz summarisch das Ausschalten des Denkens während der Wahrnehmung:

«... man kann dann dieses reine Denken von dem Wahrnehmungsvorgang ausschalten, ... man kann die Vorstellungen herausheben aus dem ganzen Verarbeitungsprozess der Wahrnehmung ...» (7/146)

«Wir schalten das Denken aus, indem ...» (7/152)

«... dann muss man mit Ausschaltung des Denkens auf diese Weise ...» (7/156)

«... unmittelbar auf sich wirken lassen mit Ausschluss des Denkens ...» (8/50)

«... dass man, indem man wahrnimmt, ausschließt das Vorstellen, dass man das Vorstellen unterdrückt ...» (8/52)

Es stellt sich nun wiederum die Frage, wie dieses Unterdrücken oder Ausschalten im Einzelnen zu bewerkstelligen ist. In der Methodik (Abschnitt 3) wurde ausgeführt, dass mit normalen denkerischen Mitteln das Denken nicht aufgehalten werden kann. Steiner vertraut hier ganz auf die Fähigkeiten, die dem

Studierenden der *Philosophie der Freiheit* aus dieser Tätigkeit erwachsen. Der oben zuletzt zitierte Satz heißt vollständig:

«Dadurch, dass man sich ein solches Denken angeeignet hat, wie es allmählich hervortritt im Verlaufe der ‹Philosophie der Freiheit›, kommt man nun wirklich in die Lage, so scharf innerlich seelisch arbeiten zu können, dass man, indem man wahrnimmt, ausschließt das Vorstellen, dass man das Vorstellen unterdrückt, dass man sich bloß dem äußeren Wahrnehmen hingibt.» (8/52)

Für beide Methoden und eigentlich für alle Übungsanleitungen gilt: Viele Details in Übungen lassen sich nicht bis ins Letzte genau angeben. Trotz klar formulierter Anweisungen und Voraussetzungen gehört für den Übenden doch ein letzter Funken Intuition dazu, um eine Übung erfolgreich durchführen zu können. Um diesen zu erlangen, ist die Disziplin der geduldigen Wiederholung unentbehrlich. Auch umsichtige Experimentierfreude und Erfindungsreichtum im Variieren einzelner Übungsschritte sind hilfreich, solange sie bewusst überschaut oder in der Rückschau rekonstruiert werden können.

14. Der fünfte Schritt der Methode GN

Die reine Wahrnehmung wird in die eigene Leiblichkeit hineingezogen

Der vierte Schritt hat den Sinn, die Sinneswahrnehmung von der Begrifflichkeit zu trennen, zu reinigen, denn diese schwächt zunächst die Wahrnehmung. Dann folgt im fünften Schritt, wie mit den von den Vorstellungen gereinigten Sinneswahrnehmungen zu verfahren ist. Steiner gibt Anweisungen, die auf das deutlichste zeigen, dass von dem Übenden mehr verlangt wird als das schlichte Intensivieren der Sinneswahrnehmung, eben in der Art: Schau oder höre nun genauer hin! Es geht vielmehr darum, die Sinneswahrnehmung in ihrer Gänze und in einer gewissen Sattheit in den eigenen Leib hineinzuziehen, um dann mit dem ganzen Leib die Wahrnehmung zu erleben. Steiners Formulierungen sind:

«... und kann die Wahrnehmung selber direkt in unsere Leiblichkeit hineinziehen.» (7/146)

«Die Sinneswahrnehmung mit ihrem Inhalte geht unter in die Leiblichkeit ...» (7/151)

«... nun den ganzen Wahrnehmungsinhalt hereinnehmen und uns damit erfüllen.» (7/152)

«Der ganze Mensch erlebt etwas bei der Sinneswahrnehmung.» (7/150)

Steiner erwähnt Goethes Vorgehen als beispielhaft in dieser Richtung:

«Goethe war schon auf dem Wege. (...) wie er bei jeder Wirkung [der Farbwahrnehmung, D. S.] etwas empfindet, das zugleich tief sich vereinigt nicht bloß mit dem Wahrnehmungsvermögen, sondern mit dem ganzen Menschen ...» (7/147, 148)

Ich bin mir sicher, dass diese Anweisungen für viele, vielleicht die meisten klassisch ausgebildeten Naturwissenschaftler ein Problem sind. Der klassisch ausgebildete Naturwissenschaftler wird darin etwas völlig Unverständliches sehen. Er wird sofort die Sorge haben, dass mit diesem Schritt die Subjekt-Objekt-Trennung aufgehoben wird, dass dem Subjektiven ein Tor geöffnet wird, wie es größer gar nicht sein kann, dass alles Wissenschaftliche bei diesem Vorgehen ganz und gar verloren gehen muss.

Auch kann ihn eine Art Anwiderung überfallen allein bei dem Gedanken, sich mit einem Gebiet (der eigenen Leiblichkeit) befassen zu müssen, das er als Privatsphäre bisher aus seinem Berufsleben ganz heraushalten konnte. Dieser Schritt muss also entsprechend seiner Radikalität und seines potenziell revolutionären Charakters gut begründet werden. Steiner bringt nun auch gewichtige Gründe.

«Zunächst ist darauf aufmerksam zu machen, dass das abendländische Gemüt mehr daraufhin angelegt ist, eine andere Entwicklung nach den höheren Welten zu nehmen als das morgenländische Gemüt. Wie das morgenländische Gemüt strebt nach der Inspiration ..., so strebt das abendländische Gemüt ... nach der Imagination ... Wir sollen als Abendländer so streben, dass wir nicht besonders stark verfolgen denjenigen Weg, der folgt dem Hinaustreten des Geistig-Seelischen aus dem Leibe, sondern dass wir vielmehr folgen dem Späteren, das eintritt, wenn sich wiederum bewusst verbinden soll im Ergreifen des physischen Leibes das Geistig-Seelische mit der physischen Organisation.» (7/135, 136)

«... geradeso, wie der Morgenländer ... empfunden hat das Hineingehen in die geistige Welt des Äußeren, so muss der Abendländer ... das Hineinschreiten des Menschen in seine eigene Wesenheit dadurch lernen, dass er zur imaginativen Welt kommt. Nur dadurch, dass er zur imaginativen Welt kommt, wird er eine wahre Menschheitserkenntnis erringen.» (7/171, 172)

Das letzte Zitat spricht ein Grundgesetz der geistigen Forschung an: Keine wirkliche Naturerkenntnis ohne eine wirkliche Menschheitserkenntnis.

Aus dem persönlichen Erleben kann die Notwendigkeit, seinen Leib in dieser intensiven Weise zu ergreifen, als Belastung, als Mühsal empfunden werden, und wiederum kann die Frage auftreten, warum das sein muss. Helfen kann hier eine Besinnung auf die Zeitlage, das heißt auf den Beginn der Entwicklung der Bewusstseinsseele. In einem kurzen Teilsatz weist Steiner darauf hin:

«Und weil wir in einer viel bewussteren Weise leben müssen, als die Orientalen gelebt haben, so dürfen wir nicht ...» (7/174) In dem zweiten Teil des Satzes und ausführlich in den darauf folgenden Sätzen beschreibt Steiner die Gefahren, die auftreten, wenn wir dieses bewusste Ergreifen des Leibes zur Gewinnung von Imaginationen vernachlässigen, während doch der Weg des Abendländers als innere Notwendigkeit voranschreitet.

Die Gefahren entstehen, wenn das Ich sich nicht im reinen Denken halten kann und dort sich während der Wahrnehmung auch nicht aufhält, sondern, wenn dieses Ich mit in den Leib untertaucht. Das Ich taucht mitsamt den Begriffen und dem eventuell schon bildhaft gewordenen Wahrnehmen in den Leib und rutscht dadurch zu tief in den Leib. Das Geistig-Seelische wird zu stark verbunden mit dem Leiblichen, und nach Steiner entstehen daraus alle Arten von Dogmatismen.

Der Quellpunkt für diese Gefahr ist der unbewusste Drang nach Imagination, der auf ein materialistisches Denken trifft. Die daraus sich ergebende Dynamik bleibt eine ebenso unbewusste. Das Ergebnis ist ein erzwungen erstarrtes Geistig-Seelisches.

Zusammenfassend beschreibt Steiner noch einmal den Weg des Abendländers:

«Sie [alle Arten des Dogmatismus, D. S.] müssen allmählich ersetzt werden durch dasjenige, was entsteht, wenn man die Ideenwelt in der Region des Ich hält, wenn man zur Imagination schreitet, dadurch den Menschen in seiner wahren Gestalt in sein inneres Erleben aufnimmt und allmählich auf eine andere Art [als die morgenländische, D. S.] den abendländischen Weg in die geistige Welt hinein geht.» (7/183)

15. Der fünfte Schritt der Methode BF

Das Ich lernt es, das Intervenieren, Durchstrukturieren und damit das Schwächen der Wahrnehmung durch Begriffe zu unterbinden

Wenn der Übende den Denkwillen, den Antrieb zum Denken dämpfen, zurückdrängen kann, dann fällt es dem Ich wesentlich leichter, an der Grenze, an der die Begriffe in die Wahrnehmung einströmen wollen, die Arbeit des Aufhaltens zu verrichten. Das Aufhalten der Begriffe aus den verschiedenen Quellen (Vorstellen und Erinnern) ist das ‹Ausschalten› des Denkens aus dem Wahrnehmungsvorgang.

Wenn dieser Strom aufgehalten, ausgeschaltet wird, reinigen sich die Sinnesorgane so, dass sie die übersinnlichen Teile der Wahrnehmung mitgehen lassen können, sodass diese gleichzeitig mit der Sinneswahrnehmung hereinströmen und auf eine ihnen angemessene Weise wahrgenommen werden können. Von dieser ihnen angemessenen Weise wird im Weiteren gesprochen.

16. Der sechste Schritt der Methode BF

Die reine Wahrnehmung wird mit der eigenen Leiblichkeit in Berührung gebracht

Die Brücke zu einem Vergleich des fünften Schrittes der Methode GN mit dem sechsten der Methode BF* bildet Steiners Satz: «Der ganze Mensch erlebt etwas bei der Sinneswahrneh-

* Methodik, Abschnitt 41.

mung» (7/150). Das Gleiche wird in der Methodik ausgedrückt durch die Formulierung: «Wichtig ist, dass man sich ganz in die Erscheinung vertieft, bis man von ihr in einer Weise berührt wird, die über das rein Sinnfällige, über das rein Faktische hinausgeht.»*

Der Ausgestaltung des Vorganges des ‹Berührtwerdens› wird in der Methodik einiger Raum gewidmet, weil von der Erfahrung ausgegangen wird, dass die Fähigkeit des modernen Menschen, intensive Sinneswahrnehmungen zu bekommen, rapide abgenommen hat und immer noch abnimmt. Dementsprechend werden in der Methodik Maßnahmen angesprochen, die zu dem führen sollen, was Steiner einen ‹gesättigten Sinneseindruck› nennt. Ein gesättigter Sinneseindruck in seinem Sinne ist nach Ansicht des Autors aber nicht ein im üblichen Sinne ‹üppiger› oder einfach nur ein starker Sinneseindruck, sondern ein *vollständiger* Sinneseindruck, in dem die übersinnlichen Wesensanteile des zu Beobachtenden mitschwingen, mit in die Wahrnehmung einfließen.

Der sechste Schritt BF besteht nicht ausdrücklich darauf, die Sinneswahrnehmung ganz in den Leib hineinzuziehen, der Übende behält hier die Freiheit, die Begegnung des menschlichen Wesensgliedergefüges, das den ‹ganzen Menschen› umfasst, mit der ‹vollen› Sinneswahrnehmung auch an der Peripherie des menschlichen Leibes stattfinden zu lassen, wobei mit ‹Leib› die oben definierte erweiterte Leiblichkeit gemeint ist.

Das bedeutet, sie kann auch etwas außerhalb des Menschen stattfinden, ohne dass der Mensch seine Konstitution dabei verlässt. Letzteres sei ausdrücklich betont, weil es sich nicht darum handelt, dass – wie der Morgenländer der älteren Zeiten – sich das vom Atem getragene Seelisch-Geistige aus dem Körper herauslöst, aus ihm herauswandert, sondern dass der mit dem

* Methodik, Abschnitt 42.

Körper als physischer Kern, als dem Ankerpunkt verbundene Ätherleib sich leicht über die Körpergrenzen ausdehnen kann und dies eigentlich für eine gesunde Entwicklung in Zukunft auch immer tun sollte. Der etwas über das physische ‹Gehäuse› hinausgewachsene und damit in seiner inneren Tätigkeit vom Leib ein Stück weit unabhängig gewordene, rein nach den Gesetzen des Ätherischen in sich selbst beweglich gewordene Ätherleib ist die Grundlage von Imaginationen. Ob die damit gewonnene Wahrnehmungsfähigkeit auf der Ebene des Imaginativen dazu verwendet wird, im Inneren des Leibes zu forschen, wie Steiner es andeutet (siehe dazu weiter unten) oder ob man nach Naturerkenntnis in der umgebenden Welt sucht, steht in der freien Wahl des strebenden Menschen.

17. Der sechste Schritt der Methode GN und der siebte Schritt der Methode BF

Der übersinnliche Teil der Sinneswahrnehmung trifft auf den übersinnlichen Teil des Leibes und bewegt diesen

Dieser Schritt ist für beide Methoden gleich. Er beschreibt einen Vorgang, der nur mit übersinnlichen Mitteln wahrzunehmen ist und dessen Beschreibung hier nicht genauer ausgeführt werden muss. Es ist zwar der entscheidende Schritt in allem Vorgehen, ist aber vom Übenden zunächst in keiner Weise handhabbar, ist nicht zu beeinflussen, er spielt sich bei geeigneter Vorbereitung wie von selbst ab. Eine Lenkung, oder besser, ein gezieltes Sich-Bewegen in diesem Schritt ist eine spätere Fähigkeit. Die einzige Ausnahme davon ist das, was der Begriff ‹Hingabe› beinhaltet.

Wenn der übersinnliche Teil der Sinneswahrnehmung auf den übersinnlichen Teil des Leibes trifft, ist die Fähigkeit zur Hingabe die Voraussetzung für alles Weitere, denn sie bestimmt, ob die Wahrnehmung uns wirklich ergreifen und bewegen kann. Davon hängt alles ab.*

Steiner weist darauf hin, dass das Hingegebensein an das Geistig-Seelische der Sinneswahrnehmung schon von Geburt an da ist, nur eben unbewusst. Ganz abgesehen von dem Übungsweg beschreibt er das elementar Wichtige dieses Seelisch-Geistigen in der Welt für den Aufbau und Unterhalt von Leib und Leben des Menschen. Den Zusammenhang umschreibt Steiner so:

«Wärme ist noch etwas anderes als Wärme, Licht ist etwas anderes als Licht im physischen Sinne, Ton ist etwas anderes als Ton im physischen Sinne. Indem wir Sinneseindrücke haben, ist zwar nur dasjenige bewusst, was zunächst ... der äußere Ton, die äußere Farbe ist. Aber durch diese Hingebung wirkt nicht dasjenige, wovon eine moderne Physik oder Physiologie träumt, ... sondern es wirkt Geist ... Wir verfolgen bewusst, was in uns leibt und lebt, indem wir nun einen deutlichen Sinn dafür bekommen, dass in der Außenwelt Geist vorhanden ist.» (8/74–78)

* GA 17, Ausgabe 1972, S. 56, Kap. «Von dem Ich-Gefühl ...»; Methodik, Abschnitt 38.

18. Der siebte Schritt der Methode GN und der achte Schritt der Methode BF

Die Änderungen in den übersinnlichen Teilen des Leibes werden von Bewegungssinn, Gleichgewichtssinn und Lebenssinn wahrgenommen

Im Bereich der Wahrnehmung des Ätherischen kann das Erleben des übersinnlichen Teiles der Wahrnehmung verschiedene Intensitätsstufen durchlaufen und sich dementsprechend ganz verschieden äußern.

Die erste Stufe ist das Aufmerken an der Berührung mit dem übersinnlichen Teil der Wahrnehmung. Dies kann immer wieder frisch erlebt werden und ist ein eindeutiges Merkmal einer echten übersinnlichen Wahrnehmung im Gegensatz zu einer Erinnerung oder Einbildung.

Die zweite Stufe ist ein mehrgliedriges, vielfältiges Erleben von Kraftströmen. Diese Stufe wird im Folgenden noch genauer beschrieben.

Die dritte Stufe ist das eigentliche Auftreten von ‹kraftenden› Licht- und sichtbaren Bewegungsformen in einem inneren Bewusstseinsraum. Davon wird im neunten Schritt gesprochen.

Die genannte zweite Stufe ist hier im siebten und achten Schritt GN/BF das Entscheidende. Man kann die Erlebnisse dieser Stufe zwanglos in drei Bereiche einteilen: Im ersten Bereich werden Bewegungen erlebt, die in bestimmte, konstante Formen immer wieder hineinlaufen. Man erlebt Ströme von Bewegungen, die sich in beschreibbaren Formen vollziehen. Als Beispiele gelten die Bewegung in einer Spirale zu einem Punkt, das Ausbreiten einer Bewegungslinie in ein fächerartiges Ausspreiten oder ein rhythmisches Hin-und-her-Schwingen in der Ebene.

Zum zweiten Bereich gehören komplexe Empfindungen, die sich zu einzelnen oder Gruppen von Bewegungsformen hinzugesellen. Die allereinfachste solcher Empfindungen ist: kraftvoll oder schwächlich. Weiter gehören dazu, immer komplizierter werdend: stützend, gerade aufrichtend, stärkend aufbauend, lichtvoll erweiternd aufschließend. Aber auch ihre Gegenteile: drückend, lastend in die Schwere ziehend, dunkel verschließend, abstumpfend verhärtend. Dazu kommen zahlreiche Zwischenformen wie: beweglich ausgleichend, flüssig austauschend, kräftig beschwingt, ordnend gliedernd, strukturierend durchlichtend, stützend gestaltend, usw.

Zum dritten Bereich gehören sehr einfache Empfindungen, die aber trotz ihrer Schlichtheit immer begleitend mitschwingen: Empfindungen von Gleichgewicht, Proportionalität, Stimmigkeit, Vollständigkeit, Harmonie, Schönheit und auch wiederum ihre Gegenteile in allen Schattierungen und Graden.

Die drei oben genannten Stufen Berührtwerden, Erleben der strömenden Kraftimpulse und das ‹Erschauen› derselben (Imaginationen) können in vielen Fällen fast nahtlos fließend ineinander übergehen, sie bilden eine natürliche Folge. In der Praxis gibt es trotzdem Asymmetrien in ihrem Erleben, die von den Fähigkeiten und der allgemeinen Ausgangslage der heutigen Menschen herrühren.

Zum Einen ist es sehr schwierig, überhaupt im obigen Sinne bewusst (nicht nur gefühlsmäßig) berührt zu werden. Über diesen Punkt ist bereits gesprochen worden.* Wenn dies aber erreicht wird, ist der Übergang vom bewussten Berührtwerden zum Erleben der Bewegungsformen sehr leicht. Aber eine ebenso große Hürde wie am Anfang steht am Übergang zu den Imaginationen. Das ist jedoch keine prinzipielle Schwierigkeit, sondern ein Problem der Beschaffenheit des Ätherleibes des modernen

* Methodik, Abschnitt 43 und 44.

Menschen. Dieser steht einerseits in Gefahr, doch immer wieder zu eng an den physischen Leib anzubinden und ist andererseits durch sehr viele zivilisatorische Einflüsse (allem voran die Auswirkungen der Luftelektrizität, aber auch der Ernährung) geschwächt oder verwirrt. Vielen Menschen gelingt der Übergang von der zweiten zur dritten Stufe nur sporadisch, selten oder gar nicht. Nur Ausdauer und Maßnahmen zur Erkraftung des Ätherleibes (insbesondere durch künstlerische Betätigung) können da helfen.

Dem Autor war diese stufenweise Verdichtung der Wahrnehmung des Ätherischen eine in sich schlüssige Folge, eine harmonische Reihe, logisch verstehbar und daher so lange kein Problem, bis eine Reihe von übenden Menschen, welche die dritte Stufe (bildhaftes Erleben im Vorstellungsraum) nur ausnahmsweise erlebt hatten, dafür aber mit Erlebnissen der zweiten Stufe (Erleben der Bewegungsformen) durchaus gesättigt waren, nach dem erkenntnistheoretischen Hintergrund dieser Situation fragten. Wenn Imaginationen in einer gewissen Dichte, die ein Evidenzerlebnis erzeugen, nicht auftreten, stellt sich die Frage: Was erlebe ich denn da überhaupt? Wobei damit die Erlebnisse eben der zweiten Stufe gemeint sind.

Dem Autor wurde Rudolf Steiners Zyklus *Grenzen der Naturerkenntnis* (GA 322) erst recht spät bekannt, andernfalls hätte er auf diese Frage schon an viel früherer Stelle, zwar etwas theoretisch, aber doch angemessen antworten können.

Die Antwort liegt in dem, was für Steiner als Voraussetzung innerhalb des Weges gilt, den er in *Grenzen der Naturerkenntnis* aufzeigt, nämlich dass die Sinneswahrnehmung mit dem ganzen Menschen aufgenommen wird, das heißt auch mit den Sinnen, die dem heutigen Menschen nur selten richtig bewusst werden: mit dem Sinn für Bewegung, dem Sinn für Gleichgewicht und dem Sinn für den Zustand des eigenen Lebens, des eigenen leiblichen Befindens. Er beschreibt diese drei Sinne:

«... wie der Mensch drei Sinne in seinem Inneren hat, durch die er sein Inneres geradeso wahrnimmt, wie wir sonst das Äußere wahrnehmen. Wir haben einen Gleichgewichtssinn, durch den wir uns in der uns als Menschen angemessenen Raumeslage erfühlen und dadurch mit dem Willen darin arbeiten können. Wir haben einen Bewegungssinn, durch den wir wissen, auch wenn wir im Dunkeln uns bewegen, durch inneres Erfühlen, dass wir uns bewegen, nicht bloß, dass wir etwa unsere eigenen Bewegungen an den anderen Gegenständen wahrnehmen, an denen wir vorbeigehen. Wir haben einen Bewegungssinn. Und wir haben einen Lebenssinn, durch den wir unser Gesamtbefinden, unsere gewissermaßen innere Lebenssituation fortwährend in wechselnden Zuständen wahrnehmen.» (8/87)

«Und darin besteht das Ergebnis jener Entwicklung zur Imagination ... [dass] ... wir durch die Imagination, indem wir gerade die äußere Wahrnehmung gewissermaßen vorstellungslos einsaugen, dazu gelangen, gewissermaßen die entgegengesetzte Tätigkeit auszuüben von der, die der Orientale ... ausübt ... Der zur Imagination Strebende ... dringt in das Innere hinein, sodass ihm dann ... entgegentritt dasjenige, was zu erleben ist mit Bewegung, Gleichgewicht und Leben.» (8/107–110)

Aus dem letzten Zitat ist durch Auslassen (...) ein wichtiger Teil an Aussagen weggenommen, über den im Folgenden genauer noch gesprochen werden soll. Er soll deshalb getrennt behandelt werden, weil durch die komplizierte Verschachtelung der Satzteile (es handelt sich ja eigentlich um Gesprochenes, um Rede) dem Sinngehalt schwierig zu folgen ist.

Der Sachverhalt kann durch folgende Frage erläutert werden: Wenn die Entwicklung der Imaginationen von dem Einbezug (zumindest in dieser Methode) der drei genannten Sinne – dem Bewegungssinn, dem Gleichgewichtssinn und dem Lebenssinn – abhängen, warum kommen diese Imaginationen so schwer zustande, da doch diese drei Sinne in allen Altersstufen unentwegt tätig sind und sie zwar im Allgemeinen kaum bewusst, aber doch *recht leicht* ins Bewusstsein zu bringen sind?

Steiner begründet dies dadurch, dass diesen drei Sinnen, die zur Entwicklung von Imaginationen hinführen würden, drei weitere Sinne so entgegenarbeiten, dass der Mensch vom Erleben des Geistigen, das sich an den Bewegungssinn, den Gleichgewichtssinn und den Lebenssinn anschließen würde, abgeschirmt wird.

«Und geradeso, wie wir abgeschlossen sind von der äußeren Geistigkeit – zu Recht selbstverständlich, denn wir würden sonst im physischen Leben keine sozialen Wesen werden –, wie wir abgeschlossen sind von dieser Geistigkeit durch Sprache, durch Gedankenwahrnehmung, durch Ich-Wahrnehmung [jeweils am anderen Menschen, D. S.], so werden wir, indem gerade Geruchs-, Geschmacks- und Tastqualitäten entgegenwachsen dem Gleichgewicht, der Bewegung, dem Leben, so werden wir nach innen abgeschnitten von dieser Dreiheit Leben, Bewegung und Gleichgewicht, die sich sonst uns unmittelbar enthüllen würden. Es lagern sich gewissermaßen die Erfahrungen des Geruchssinnes, des Geschmackssinnes, des Tastsinnes vor dasjenige, was wir erfahren würden an Gleichgewichtssinn, an Bewegungssinn, an Lebenssinn.» (8/105, 106)

Das ist nun der Inhalt der genannten Auslassung: Der Orientale schaltet auf seinem Weg in die äußere geistige Welt das soziale Element (das Inhaltliche, was zum Verstehen des anderen Menschen führt) aus den drei Sinnen Wortsinn, Gedankensinn und Ich-Sinn aus, bleibt bei ihnen stehen und dringt in sie ein, um zur Inspiration außerhalb des Leibes zu kommen. Der zur Imagination Strebende soll, im übertragenen Sinne, das heißt dem Prinzip nach, aber auf einem anderen Gebiete, das Gegenteil tun: Er soll nicht stehenbleiben bei Geruchs-, Geschmacks- und Tastsinn. Er soll von ihnen unbehelligt bleiben, sich durch die darüber liegenden, abschließenden Wirkungen hindurchwinden, die abschirmende Wirkung dieser drei Sinne durchdringen, um an das Geistige im Inneren des Leibes heranzutreten, was ihm durch Bewegungssinn, Gleichgewichtssinn und Lebenssinn vermittelt wird.

In den zwei Absätzen, die den obigen Zitaten folgen, beschreibt Steiner die Wirkung der intensiven, mehr unbewussten Nutzung von Geruchs- und Geschmackssinn im Leben einiger früherer Mystiker und setzt die moderne geisteswissenschaftliche Strömung streng davon ab.

19. Der achte Schritt der Methode GN

Willkürlich erzeugte Vorstellungsbilder unterstützen den Vorgang, der die übersinnlichen Teile der Sinneswahrnehmung zur Imagination bringt

Steiner fasst den Inhalt dieses Schrittes in folgendem Satz zusammen:

«Will man den Menschen wirklich physiologisch erforschen, dann muss man mit Ausschaltung des Denkens ... das bildhafte Vorstellen nach innen treiben, so dass die Leiblichkeit des Menschen in Imaginationen darauf reagiert.» (7/156)

Bemerkenswert ist, dass zu dem ‹Ausschalten des Denkens› hier ein neues Element hinzukommt, welches offenbar wichtig dafür ist, dass der Leib mit Imaginationen reagiert. Es geht um die bildhaften Vorstellungen, die zusätzlich zur vollen Sinneswahrnehmung (welche hier nicht direkt genannt ist, aber an vielen anderen Stellen, siehe unten) in den Leib ziehen sollen. Im Unterschied zur Sinneswahrnehmung, die in den Leib hereingezogen, hereingesaugt werden soll, wird hier formuliert: ‹hineingetrieben› – ein bemerkenswerter Unterschied.

Bevor ich auf die bildhaften Vorstellungen genauer eingehen werde, möchte ich noch eine Irrtumsmöglichkeit bedenken. Der Beginn des Zitates lässt den Schluss zu, dass dieser Umgang mit der Sinneswahrnehmung nur nötig für die besondere (Forschungs-)Absicht ist, den Menschen physiologisch zu erfassen, sein Inneres gleichsam wissenschaftlich zu studieren. Eine ganz spezielle Methodik für einen ganz speziellen Zweck also. Dem ist nicht so. Aus dem ganzen Kontext geht hervor, dass dieser Weg zwar insbesondere für den Naturwissenschaftler beschrieben wird, er aber ein ganz allgemein gangbarer und zudem für die abendländische Zivilisation notwendiger Weg ist. Deutlich wird dies in dem Satz ausgesprochen, der dem obigen Zitat unmittelbar folgt:

«Dies ist allerdings ein Weg, der in der abendländischen Entwicklung erst im Beginne ist, aber es ist der Weg, der eingeschlagen werden muss, wenn demjenigen, was vom Oriente herüberströmt und was in die Dekadenz führen würde, wenn es allein Geltung hätte, wenn dem etwas, das ihm gewachsen ist, entgegengestellt werden soll, sodass wir zu einem Aufstieg und nicht zu einem Niederstieg unserer Zivilisation kommen sollen.» (7/157)

Zurück zum bildhaften Vorstellen. Es wurde schon darauf aufmerksam gemacht, dass Steiner den Begriff ‹Vorstellung› in zwei fast konträren Sinnsetzungen gebraucht.* Es ist nun die Frage, warum er die dort erwähnte zweite Art von Vorstellung für eine Entwicklung der Imaginationsfähigkeit für nötig oder zumindest sehr hilfreich hält.

Für den Autor erklärt sich das aus der Kenntnis der Natur der Imaginationen. Man muss sich nur fragen, wo denn im menschlichen Zusammenhang Imaginationen überhaupt auftreten. Die Antwort kann, sich auf den einfachsten und

* Studie: 2. Die Drosselung des Denkens.

ursprünglichsten Fall einschränkend, so lauten: im Vorstellungsbereich des Denkens. – Der Weg zur Imagination ist dann folgender:

Kann der Mensch die Vorstellungsinhalte des Alltagslebens (Vorstellungstyp I) zum reinen Denken erheben, das heißt sie von Leib- und Sinnesgebundenheit lösen, dann kann er sie seinem Ich überlassen. Das Ich wacht über den Begriffsvorstellungsstrom, hält ihn auf, verhindert, dass er in die Wahrnehmung fließt und diese schwächen kann. Dadurch wird aber der Vorstellungsraum, der sonst von den Begriffs- oder Erinnerungsvorstellungen belegt ist, freigehalten, er bleibt leer. Dort können Imaginationen auftreten, weil dies der Raum ist, der natürlicherweise zur Schauung veranlagt ist. Dort können die Imaginationen mit dem inneren Sehsinn, dem inneren Auge als lichthaft bewegte Bildformen wahrgenommen werden. Wenn sie intensiver werden, werden die geschauten Bilder *erlebt*, weil das fühlende Seelenleben sich daran anschließen kann. Und wenn sie noch intensiver werden, werden sie *durch*lebt, weil sich das Wollen angesprochen und einbezogen wird. In spröden Begriffen heißt dies: die Imaginationen werden durch Ergänzung mit Inspiration und mit Intuition bereichert.

Nun bleibt nur noch das Problem, dass dieser Raum das Imaginieren gar nicht gewöhnt ist, dass er sich viel zu sehr an die alltäglichen Denkvorgänge, die fast ausschließlich Sinneseindrücke und Erinnerungen aus Sinneseindrücken bewegen, gewöhnt hat. Unbeholfen und hölzern benimmt er sich gegenüber dem schauenden Erfassen der ungemein beweglichen und wandlungsfähigen ätherischen Kräfte, obwohl diese sich eigentlich schon von sich aus ins Bild bringen wollen und in die Anschauung drängen.

Dies ist ein wichtiges Übungsfeld, und es ist der Sinn der Aufforderung Steiners, diesen Vorstellungsraum zu verlebendigen, beweglich zu machen, auffassungsfähig zu gestalten für das, was Äther- und Astralleib dem abendländischen Erkenntnisstreben entgegenbringen wollen. – Folgendermaßen drückt Steiner sich aus:

«Aber damit man die Seelenkräfte verstärke und die Wahrnehmung im richtigen Sinne gewissermaßen einsaugt, ohne dass man sie beim Einsaugen mit Vorstellungen verarbeitet, kann man auch noch das machen, dass man nicht im gewöhnlichen Sinne mit Vorstellungen diese Wahrnehmung beurteilt, sondern dass man sich symbolische oder andere Bilder schafft zu dem mit dem Auge zu Sehenden, mit dem Ohr zu Hörenden, auch Wärmebilder, Tastbilder und so weiter. Dadurch, dass man gewissermaßen das Wahrnehmen in Fluss bringt, dadurch, dass man Bewegung und Leben in das Wahrnehmen hineinbringt, aber in einer solchen Weise, wie es nicht im gewöhnlichen Vorstellen geschieht, sondern im symbolisierenden oder auch künstlerisch verarbeitenden Wahrnehmen, dadurch kommt man viel eher zu der Kraft, sich von der Wahrnehmung als solcher durchdringen zu lassen.» (8/53, 54)

Weiterhin:

«... wenn man die Begriffe verwendet hat, um die Phänomene [sinnvoll zusammenhängende Gruppen von Sinneswahrnehmungen, D. S.] anzuordnen, um die Phänomene hin zu verfolgen bis zu den Urphänomenen, dann bekommt man dadurch schon eine Erziehung, die dann auch alles Begriffliche hinweghalten kann von den Phänomenen. Und symbolisiert man dann noch, verbildlicht die Phänomene, dann bekommt man eine starke seelische Macht, um gewissermaßen die Außenwelt begriffsfrei in sich einzusaugen.» (8/56)

Ergänzend:

«[Geisteswissenschaft, D. S.] erfordert vor allen Dingen eine intensive Anstrengung des eigenen Willens.» (8/60)

Es folgen weitere Ausführungen an dieser (8. Vortrag) und anderer Stelle (7. Vortrag), die zum Teil sehr lebendig das charakteristische Übungsbemühen beschreiben. Ganz deutlich sind die Begriffe gewählt, die mit dem Ätherischen und der Natur der Imaginationen im innigen Zusammenhang stehen:

Auf der mehr inneren Seite	Auf der mehr äußeren Seite
in Fluss bringen	verbildlichen
Bewegung	symbolisieren
Kraft	künstlerisch verarbeiten
Leben	Phänomene verfolgen bis zu
Wille	den Urbildern

Zusammenfassend kann der Inhalt des achten Schrittes GN als eine Verlebendigung und Erkraftung der Wahrnehmung im Vorstellungsraum beschrieben werden, zur intensiven Unterstützung des ‹Bild-Werdens› der übersinnlichen Anteile der Sinneswahrnehmung.

20. Der neunte Schritt der Methode BF

Durch allmähliches Verdichten der Lebendigkeit des übersinnlichen Teils der Wahrnehmung erscheinen diese sichtbar als Imagination

Im siebten / achten Schritt GN/BF wurde der Weg zu den Imaginationen in drei Stufen eingeteilt: Vom ‹Berührtwerden› über das Erleben der lebendig kraftenden Ströme durch die drei Sinne für Gleichgewicht, Leben und Bewegung bis hin zum Erschauen der Imaginationen. Es wurde die Hürde angesprochen zwischen der zweiten und dritten Stufe. Die Gründe für diese Hürde und Steiners Angaben für ein Üben zum Überwinden dieser Hürde wurden im achten Schritt GN ausführlich dargestellt.

Wie wird dieses Überwinden in der Methode BF angegangen? Hierzu muss auf den dritten Schritt BF verwiesen werden. In diesem Schritt wird die allgemeine (aber deshalb trotzdem ganz ungewöhnliche) Frage nach dem Wie des Denkens ergänzt durch die Frage, *wo* es sich abspielt. Diese Frage zielt dabei auf erste zarte, von den Beobachtern, die damit beginnen, oft als solche gar nicht erkannte, übersinnliche Beobachtungen in einem vertrauten Bereich. Im Vordergrund steht dabei, auch durch Übungsanleitung gelenkt, die Erfahrung der Existenz eines Vorstellungsraumes, in dem sich Bilder der Vorstellung erinnerter oder absichtlich erzeugter Art aufhalten können, um vom inneren Auge wahrgenommen werden zu können.

Entscheidend für den Fortschritt zur Ausbildung der Imaginationsfähigkeit werden alle Erfahrungen angesehen, die bei der Selbstbeobachtung des Denkens so auftreten, dass die *Denkbewegungen* in diesem Vorstellungsraum erlebt und beschrieben werden können. In der Methodik BF wird erläutert, dass dieses Vorgehen nicht dazu führt, ein ausgewogenes Bild der übersinnlichen Tätigkeiten des Denkens zu liefern, sondern nur ein einseitiges. Ersteres zu beobachten, zu erforschen kann dann nachgeholt werden, sobald die entsprechenden Fähigkeiten oder Fertigkeiten entwickelt sind.* Für genau diesen Erwerb von Fähigkeiten wird aber das gründlichere Erforschen eines Teilbereiches des ganzen Denkens, nämlich des Vorstellungsraumes angestrebt.

Dadurch, dass der Vorstellungsraum derart in den Vordergrund gerückt wird, soll erreicht werden, dass er eine Ausbildung erfährt, dass er gleichzeitig mit seiner Erforschung, seinem Erscheinen im Bewusstsein des Übenden, wacher, geschmeidiger,

* Methodik, Abschnitt 16.

selbstloser und auch heller wird und damit auch zugänglicher für das, was sich als Imagination zeigen will, was ‹kraftendes› Bild im Bewusstsein des Beobachters werden will.

An dieser Stelle ist zu klären, was oben mit einer bestimmten Symmetrie von Unterschieden innerhalb der Gegenüberstellung der beiden Methoden gemeint ist. Neben dem ersten deutlichen Unterschied, der dort beschrieben ist, besteht der zweite Unterschied darin, dass im achten Schritt GN ausführlich die unterstützende Wirkung der künstlichen, künstlerischen, symbolisierenden usw. Vorstellungen dargestellt ist. Im entsprechenden neunten Schritt BF wird aber nur von einem allmählichen Verdichten und einem Stufenübergang gesprochen. Tatsächlich soll das, was durch das absichtliche Schaffen und Gestalten von Vorstellungsbildern im Vorstellungsraum erreicht werden soll, im dritten Schritt BF durch die intensive Beschäftigung mit dem Vorstellungsraum erreicht werden, nur an anderer Stelle der Übungsfolge und durch eine erweiterte Fragestellung zur Selbstbeobachtung des Denkens.

Letzten Endes ist die Methodik BF bei diesem letzten Schritt auf das angewiesen, was allein ein allmähliches Intensivieren bringen kann: der persönliche energische Einsatz des Übenden mit Langmut und Ausdauer. Darin aber sind sich beide methodischen Ansätze wieder vollkommen gleich.

21. Der neunte Schritt der Methode GN

Der übersinnliche Teil der Wahrnehmung wird als Imagination wahrgenommen

Was letzten Endes für die Methode BF gilt, gilt auch für die Methode GN:

«Man muss selbstverständlich nicht glauben, dies sei zu erreichen in kurzer Zeit. Geistesforschung erfordert weit mehr als Laboratoriums- oder Sternwartenforschung. Sie erfordert vor allen Dingen eine intensive Anstrengung des eigenen Willens. Und hat man eine Zeitlang ein solches symbolisches Vorstellen getrieben, hat man sich noch dazu bemüht, auf den Bildern, die man in dieser Weise ganz in Anlehnung der Phänomene in der Seele präsent sein lässt und die sonst nur vorübergehen, indem man ja im Leben von Sensation zu Sensation, von Erlebnis zu Erlebnis eilt, hat man sich gewöhnt, kontemplativ lange und immer länger auf einem Bilde, das man ganz durchschaut, das man sich selber gemacht hat oder sich auch von jemanden anraten lässt, so dass es keine Reminiszenz sein kann, hat man sich gewöhnt, kontemplativ auf einem solchen Bilde zu ruhen, und wiederholt man diesen Vorgang immer wieder und wiederum, so stärkt sich die innere Seelenkraft, und man wird zuletzt gewahr, dass man in sich selber etwas erlebt, von dem man vorher eigentlich keine Ahnung gehabt hat.» (8/58–61)

3. Zusammenfassung

Vergleich der beiden Methoden

Eine kurze Zusammenfassung der Methode in dem Zyklus *Grenzen der Naturerkenntnis* gelingt durch einige Sätze aus der Schrift *Kosmologie, Religion und Philosophie* von Steiner. In dem Kapitel II, «Seelenübungen des Denkens, Fühlens und Wollens», führt Steiner Folgendes aus:

«Philosophie ist nicht in derselben Art entstanden, in der sie in der modernen Zeit weitergeführt wird. In dieser Art ist sie ein Zusammenhang von Ideen, die innerlich, in der Seele nicht so *erlebt* werden, dass der seiner selbst bewusste Mensch sich in ihnen als in einer Wirklichkeit fühlte. (...)

Es handelt sich bei Anthroposophie darum, dass man (...) der Wirklichkeit des philosophischen Inhaltes beikommen kann, (...) durch Ausbildung einer Erkenntnismethode, die auf der einen Seite ähnlich ist derjenigen, durch die in alten Zeiten Philosophie gewonnen worden ist, und die auf der anderen Seite so vollbewusst exakt ist wie die mathematische und naturwissenschaftliche Methode der neueren Zeit.

Die alte Methode war eine halb unbewusste. Sie hatte gegenüber dem Bewusstseinszustand, in dem der moderne Mensch ist, wenn er wissenschaftlich denkt, etwas halb Traumhaftes. Sie lebte nicht in solchen Träumen, die durch sich selbst nicht unmittelbar ihren realen Inhalt verbürgen, sondern in Wachträumen, die eben durch diesen Inhalt auf Wirklichkeit wiesen. Solcher Seeleninhalt hat aber nicht den abstrakten Charakter wie derjenige des gegenwärtigen Vorstellens, sondern den der *Bildhaftigkeit*.

Solch ein Seeleninhalt muss wieder gewonnen werden; aber, gemäß dem modernen Entwicklungszustande der Menschheit, in voller Bewusstheit; gerade in derselben Bewusstseinsverfassung, wie sie im wissenschaftlichen Denken vorhanden ist. Die anthroposophische Forschung sucht dies zu erreichen in einer ersten Stufe des übersinnlichen Erkennens, in dem imaginativen Bewusstseinszustande. Durch dieses wird die Totalkraft des Seelenlebens auf leicht überschauliche Vorstellungen gelenkt und im Ruhen auf derselben festgehalten. Dadurch wird, wenn ein solches Verfahren durch genügend lange Zeitepochen immer wiederholt wird, zuletzt bemerkt, wie die Seele in ihrem Erleben *leibfrei* wird. (...)

Durch Meditation kann die geistige Tätigkeit vom physischen Organismus losgerissen werden. Die Seele erlebt dann auf übersinnliche Art das Übersinnliche. Es wird nicht mehr im physischen Organismus seelisch erlebt, sondern im ätherischen Organismus. Man hat ein Vorstellen mit Bildcharakter vor sich.

Man hat in *diesem Vorstellen* Bilder der Kräfte vor sich, die aus dem Übersinnlichen heraus dem Organismus als seine Wachstumskräfte, auch als *die* Kräfte zugrunde liegen, die im Regeln der Ernährungsvorgänge wirksam sind. Man hat es mit einer wirklichen *Anschauung* der Lebenskräfte zu tun. Es ist dies die Stufe der *imaginativen* Erkenntnis.»*

Anschließend an diese Darstellung kann die Methodik BF zusammenfassend so beschrieben werden:

Die Methodik BF verfolgt zunächst ein abgewandeltes meditatives Verfahren: Die Selbstbeobachtung des Denkens *(Philosophie der Freiheit)* wird erweitert durch die Frage: Wo? Wo, in Bezug auf den physischen Leib zunächst, befinden sich die Vorstellungen? Von wo nach wo bewegen sich die Erinnerungsbilder

* GA 25, II. Kap., Ausgabe 1956, Seite 15 ff., kursiv wie im Original.

während der Erinnerung? Von wo kommen die Begriffe herbei, wenn Wahrnehmungen zur Verarbeitung anstehen? Wo vollziehen wir das innere Sehen und Hören im Denkprozess? Wo sprechen wir innerlich während des Denkens?

Es muss eigentlich die inhärente Verwandtschaft der beiden Methoden ins Auge fallen. Denn gelingt es, diese Fragen zu beantworten – und dies ist in dem heute so vertrauten Bereich des Denkens gar nicht so schwer – führen die Beobachtungsergebnisse von selbst über die Grenzen des physischen Leibes hinaus. Allein die Frage Wo? erfordert ein Losreißen des wachen Bewusstseins aus den Leibesfunktionen, andernfalls *kann* im Denken in diesem Sinne überhaupt *nicht beobachtet* werden.

Es ist die Genialität des «Ausnahmezustandes» der Selbstbeobachtung des Denkens (Begriff aus der *Philosophie der Freiheit)*, die hier weiter ausgeschöpft wird als in rein philosophischem Rahmen möglich.

Bei feiner Selbstbeobachtung kann man genau das an Bewegungen im menschlichen Wachbewusstsein feststellen, was Steiner in diesem Übungszusammenhang erwartet. Was er diesbezüglich erwartet, ist in einem Vortrag zur ‹Geistigen Perspektive der Anthroposophie› ausgeführt:

«Das Denken ist nun die Tätigkeit des Äther- oder Bildekräfteleibes, sodass wir auch sagen können: Indem der Mensch wachend als sinnliches Erdenwesen denkt, richtet er seinen Äther- oder Bildekräfteleib nach außen. Aber damit haben wir im Grunde nur die eine Seite des Äther- und Bildekräfteleibes ins Auge gefasst. Und indem wir dasjenige, was wir im gewöhnlichen Wachbewusstsein haben, die Gedanken über die äußere Welt, ins Auge fassen, ist es so, wie wenn wir etwa einen Menschen durch irgendwelche Verhältnisse physisch nur von hinten betrachten könnten. (...)

So ist es, wenn wir uns bewusst werden des Denkens der Außenwelt: Wir sehen gewissermaßen nach der *hinteren Seite des Denkens* hin. (...) Und wir müssen uns im Grunde in die Möglichkeit versetzen, das Denken des Menschen von der anderen Seite zu betrachten, wo es nicht den Eindrücken der äußeren Sinne zugekehrt ist, wo es uns seine verborgene Seite zeigt.

Dann kommen wir auf etwas ganz Merkwürdiges. Dann repräsentiert sich uns das Denken nicht so, wie es sich ausnimmt, wenn wir es als Bilder der sinnlichen Außenwelt im Bewusstsein tragen. Dann verwandelt sich, von dieser anderen Seite angesehen, unser Denken, das ja die Kräfte des Äther- oder Bildekräfteleibes ausmacht, in Kräfte, die unseren physischen Organismus aufbauen, in unserem physischen Organismus schaffenden Kräfte.

Wenn wir wachsen, wenn unsere Organe vom Keimzustande an aufgebaut werden, wenn unsere Organe plastisch geformt werden, da ist es die andere Seite des Denkens, die vom Äther- oder Bildekräfteleib aus aktiv eingreift und uns organisiert. Was da in uns wirkt und lebt, indem wir wachsen, indem wir die Nahrungsmittel in uns verarbeiten, was überhaupt an Bildekräften in uns vorhanden ist, das ist die andere Seite des Denkens. Das gewöhnliche Denken bewirkt in uns nur die schattenhaften Gedanken, es ist die hintere Seite des Denkens. Was aber unserem Denkapparat erst die Form gibt, was unser Gehirn und unser gesamtes Nervensystem ausbildet, ist die schaffende Kraft des Denkens, und das ist zugleich die schaffende Kraft des Bildekräfte- oder Ätherleibes. Das ist die andere Seite.

Es bedarf noch nicht viel hellseherischer Kraft, um gewahr zu werden, wie im Menschen diese schaffende Kraft des Denkens als Wachstumskraft, als Bildekraft überhaupt wirkt. Man braucht nur, ich möchte sagen, den Ruck in sein Inneres zu machen, um sich bewusst zu werden, dass das Denken nicht bloß schattenhaftes Abbild der Außenwelt, sondern eine innere Tätigkeit ist. Man braucht nur den Ruck zurückzumachen aus dem Hingewendetsein an die Außenwelt in das, was man innerlich tut, was man denkt, dann wird man diese Aktivität des Denkens gewahr.»*

Steiner erwartet, dass wir uns in einem Ruck zurück bewegen von der Seite des Denkens, die nur eine Verlängerung des Sinneslebens in uns ist, von der erdzugewandten Seite, von der hinteren Seite des Denkens, die wir üblicherweise für die Vorderseite halten.

Genau diese Bewegung wird provoziert, wird angestrebt, wird nahegelegt, wird erwartet, wenn in der Methode BF die Frage gestellt wird: Wo sind die alltäglichen Vorstellungsbilder, wo ist der Ort, in den sich das Sinnesleben hineinverlagert?** Man kann die Antwort überhaupt nicht erleben ohne eine Rückwärtsbewegung, ohne dass man aus den Vorstellungen und Sinnesbildern heraus- und zurücktritt. Solange ich ‹im Bilde› bin, kann ich dieses ‹Bild-Haben› nicht beobachten. Ein erster, aber entscheidender *Schritt zurück* muss erfolgen, damit ich *eine Perspektive zur Beobachtung der Vorstellungen überhaupt gewinnen* kann. Dieses Heraustreten aus der Verbundenheit mit dem Bild, mit dem Inhalt des Bildes, dieses Distanz-Schaffen ist ein erster Schritt zurück in das eigene Innere.

Aber nun weiter. Ist diese Distanz einmal geschaffen und kann ich die Vorstellungsbilder als etwas Äußeres, etwas Äußerliches betrachten, kann sich eine zweite Frage anschließen. Sie lautet: Wie gelingt es mir, diese Vorstellungsbilder zu bewegen, zu verändern, zu gestalten? Letzteres ist ja ein wichtiger Bestandteil des alltäglichen Denkens. Auch aus dieser unbewussten Tätigkeit muss der Beobachtende ein Stück heraustreten, um sie bewusst erleben zu können, um sie anschauen zu können. Was ist das Ergebnis?

Die Taten im Denken werden als die feinen, die feinsten Ausdifferenzierungen des eigenen Willens zum Denken, meines

* GA 225, 22.7.1923, Ausgabe 1990, S. 171 f.

** Methodik, Abschnitt 35 und 36.

Denkwillens erlebt, und zwar so, dass diese Ausdifferenzierung dieser Bewegungen das eigene innere Lebens zeigen. Die Natur der Denkbewegungen, der Denktaten erweist sich als die in den Kopf abgesonderten oder hinausgeschobenen Bewegungen meines Lebensleibes. Mein Denkwille metamorphosiert sich durch die unzähligen Möglichkeiten, die mein inneres Leben, mein Ätherleib (um an Steiners Begriff anzuschließen) ihm als Werkzeug bieten, um im Denken tätig zu sein. Diese Denkbewegungen sind willentlich geführte, feinste Bildekräfte.

Dies zu erleben bedeutet, einen Schritt weiter rückwärts gegangen zu sein, sich noch weiter entfernt zu haben von der ‹hinteren Seite› des Denkens. Nun aber noch ein Schritt weiter mit der Frage: Wo kommen meine Begriffe her, die ich zum Denken so unentbehrlich nötig habe und deren Ankunft mich so oft beglücken? Das Ergebnis dieser intensiven Bemühungen ist dann das Erleben, dass sie ganz aus der Gegenrichtung der Sinneseindrücke kommen, dass sie nicht der erdzugewandten Seite des Denkens entspringen, sondern der anderen Seite. Man wendet den Blick um, was nicht physisch derb, grob gemeint ist, sondern innerlich, wenn man den Begriffen entgegenschaut: Man wendet seinen Sinn um.

Steiner fährt im obigen Zitat fort:

«Sodass wir sagen können: Lassen wir das menschliche Denken, das uns zunächst in seinem ersten Aspekt schattenhafte Abbilder der sinnlichen Außenwelt zeigt, lassen wir das vor uns sich umdrehen, dann wird es die plastisch schaffende Kraft des Menschen selbst, dann wird es die innere Aktivität, dann wird es Träger der Freiheit ...»*

* GA 225, 22.7.1923, Ausgabe 1990, S. 173.

Die Unterschiede und der gemeinsame Sinn der Methoden

Worin besteht nun der eigentliche Unterschied der beiden Methoden?

Steiner sagt an oben angeführter Stelle: «Dieses Erfassen des Denkens als eines aktiven Elementes, dieses Erfassen des reinen Denkens gegenüber dem von den äußeren Sinnesbildern angefüllten Denken, diesen Ruck nach innen wollte ich begreiflich machen in meiner ‹Philosophie der Freiheit›, wollte begreiflich machen, wie der Mensch innerlich diese Aktivität des Denkens erfassen kann ...»*

Steiner wollte den ‹Ruck zurück nach innen› zuerst in philosophischer Art *begreiflich* machen und sieht in diesem Begreiflichmachen den Weg zur Anbahnung von Imaginationen mithilfe der Übungshinweise, die er in dem Vortagszyklus *Grenzen der Naturerkenntnis* angegeben und erläutert hat.

Die Methode BF will denselben ‹Ruck zurück nach innen› durch eine leicht veränderte Fragestellung, vor allem aber durch eine konsequente Beobachtungspraxis erreichen. Einer Beobachtungspraxis, die sich nicht allzu sehr in einem explizit philosophischen Rahmen bewegt, nicht zuletzt weil mit der *Philosophie der Freiheit* ein unübertreffliches Werk in diesem Rahmen schon vorliegt. Die gemeinte Beobachtungspraxis, die rein aus der Anschauung der sachlich-übungsmäßigen Notwendigkeiten, die es braucht, um von der Sinneswahrnehmung zur imaginativen Wahrnehmung zu kommen, heraus entwickelt ist, ist wiederum identisch mit der ‹Ausnahmesituation der Selbstbeobachtung des Denkens›, wie sie Steiner in der *Philosophie der Freiheit* entwickelt hat.

* GA 225, 22.7.1923, Ausgabe 1990, S. 172 f.

Es ist offensichtlich, dass die Zielstellungen der beiden Methoden identisch sind, und es ist ganz sicher, dass die Modifikationen in der praktischen Vorgehensweise unter das fallen, was Steiner mit den Worten ausdrückt:

«Für die abendländische Zivilisation ist der Weg in die übersinnlichen Welten der der Imagination. Nur muss diese Imagination ganz in das übrige Seelenleben organisch hineingestellt werden. Und dies kann in der mannigfaltigsten Weise geschehen, wie ja auch schließlich der orientalische Geistesweg nicht in ganz eindeutiger Weise vorausbestimmt war, sondern wie er in der mannigfaltigsten Weise gegangen werden konnte.» (8/11)

Gegenüberstellung der Schritte eins bis neun beider Methoden

Methode GN: ‹Grenzen der Naturerkenntnis›	**Schritt**	**Methode BF: ‹Bildekräfteforschung›**
Die Seele erlernt das reine Denken, in dem sich das Ich halten kann, im Durcharbeiten der *Philosophie der Freiheit.*	1	Die Seele erlernt das reine Denken, in dem sich das Ich halten kann, als Kulturleistung bei gestärkter Ich-Präsenz.
Die Seele erkraftet sich am Durcharbeiten der *Philosophie der Freiheit.*	2	Die Seele erkraftet sich an der Selbstbeobachtung des Denkens
Mit der errungenen Kraft kommt die Seele in die Lage, das Denken dem Ich zu überlassen.	3	Die Erkraftung der Seele ermöglicht die Wahrnehmung der übersinnlichen Tatsachen des Denkens in Vorstufen der Imagination
	4	Der Ich-Wille erlernt die Beeinflussung (Lenkung) des Denk-Willens.
Das Ich unterbindet das Intervenieren, das Durchstrukturieren und damit das Schwächen der Wahrnehmung durch Begriffe.	5	Das Ich lernt dadurch, das Intervenieren, das Durchstrukturieren und damit das Schwächen der Wahrnehmung durch Begriffe zu unterbinden.

Die reine Wahrnehmung wird in die eigene Leiblichkeit hineingezogen.	6	Die reine Wahrnehmung wird mit der eigenen Leiblichkeit in Berührung gebracht.
Der übersinnliche Teil der Sinneswahrnehmung trifft auf den übersinnlichen Teil des Leibes und bewegt diesen.	7	Der übersinnliche Teil der Sinneswahrnehmung trifft auf den übersinnlichen Teil des Leibes und bewegt diesen.
Die Änderungen in den übersinnlichen Teilen des Leibes werden von Bewegungs-, Gleichgewichts- und Lebenssinn wahrgenommen.	8	Die Änderungen in den übersinnlichen Teilen des Leibes werden von Bewegungs-, Gleichgewichts- und Lebenssinn wahrgenommen.
Willkürlich erzeugte Vorstellungsbilder unterstützen den Vorgang, der die übersinnlichen Teile der Sinneswahrnehmung zur Imagination bringt. Der übersinnliche Teil der Wahrnehmung wird als Imagination wahrgenommen.	9	Durch allmähliches Verdichten der Lebendigkeit der übersinnlichen Teile der Wahrnehmung erscheinen diese sichtbar als Imagination.

Literatur

Begeer-Klare, Eva-Maria: «Die Sonnenkraft der Devotion. I. Die Bedingung für die geistige Schulung», in: *Das Goetheanum*, 35–39/1996.

Gut, Bernardo J.: *Inhaltliches Denken und formale Systeme*, 1. Aufl. Verlag Rolf Kugler, Oberwil b. Zug 1979.

Hardorp, Detlef: «Was ist Hellsehen? Am Mathematisieren studiert», in: *Das Goetheanum*, 5/1996.

Kalisch, Michael in: *Wege zur Heilpflanzenerkenntnis* (hrsg. von Peter Goedings), Stuttgart 1996.

Krauss, Ernst-Martin: «Alle Kreatur wartet sehnsüchtig ...» in: *Flensburger Hefte,* Flensburger-Hefte-Verlag Heft 55/1996.

Kürten, Oskar: *Über die Elementarreiche in der Darstellung Rudolf Steiners*, Verlag Die Pforte, Basel 1990, Kapitel II: «Die Elementarische Welt».

Majorek, B. Marek: «Das Denken in freier Tätigkeit», in: *Das Goetheanum* Nr. 23, 2006.

Pogačnik, Marco: *Elementarwesen*, Droemersche Verlagsanstalt Th. Knauer Nachf., 1995.

Röschert, Günter: «Lebensweg und Geistesschulung. Von der initiatorischen Lebensführung», in: *Das Goetheanum*, 10/1997.

Schad, Wolfgang: *Was ist Goetheanismus?* Sonderdruck des Tycho-de-Brahe-Jahrbuchs 2001.

Schmidt, Dorian: «Beobachtungen im Bildekräfte-Bereich der Natur – eine Wegbeschreibung»; in: *Das Goetheanum*, 18, 19, 20/1998.

Schmidt, Dorian: «Beobachtungen im Bildekräfte-Bereich der Substanzen», in: *Das Goetheanum*, 42, 43, 44/2000.

Steiner, Rudolf: *Die Philosophie der Freiheit*, Rudolf Steiner Verlag, Dornach (GA = Gesamtausgabe Bibl.-Nr. 4).

Steiner, Rudolf: *Kosmologie, Religion und Philosophie*, Rudolf Steiner Verlag, Dornach (GA Bibl.-Nr. 25).

Steiner, Rudolf: *Das esoterische Christentum und die geistige Führung der Menschheit*, Rudolf Steiner Verlag, Dornach (GA Bibl.-Nr. 130).

Steiner, Rudolf: *Drei Perspektiven der Anthroposophie*, Rudolf Steiner Verlag, Dornach (GA Bibl.-Nr. 225).

Steiner, Rudolf: *Grenzen der Naturerkenntnis,* Rudolf Steiner Verlag, Dornach (GA Bibl.-Nr. 322).

Suter-Schaltenbrand, Ernst: «Das Erwachen des imaginativen Bewusstseins», in: *Das Goetheanum*, 15,27/1996 und 27,42/1997.

Vogt, Felicitas: «Der Schicksalsgedanke in der menschlichen Begegnung. Soziale Prozesse zwischen Angst und Macht», in: *Das Goetheanum*, 16/1997.

Wiesberger, Hella: «Zu Rudolf Steiners esoterischen Darstellungen des Schulungsweges», in: *Das Goetheanum*, 4/1997.

Ziegler, Renatus: *Intuition und Ich-Erfahrung*, Stuttgart 2006.

Ausführliches Inhaltsverzeichnis